EDITORA DO CONHECIMENTO

Auxiliando a humanidade a encontrar a Verdade

História da Umbanda no Brasil

Volume 6

História da Umbanda no Brasil - Vol. 6

Diamantino Fernandes Trindade (Org.)

CONHECIMENTO EDITORIAL LTDA.
Fone/Fax: 19 3451-5440
www.edconhecimento.com.br
vendas@edconhecimento.com.br

Projeto gráfico: Sérgio Carvalho
Ilustração da capa: Banco de imagens

ISBN 978-65-5727-012-7
2ª edição – 2020

• Impresso no Brasil • Presita en Brazilo

Produzido no Departamento Gráfico de
CONHECIMENTO EDITORIAL LTDA
Rua Prof. Paulo Chaves, 276 – 13485-150
Fone: 19 3451-5440 — Limeira – SP

Dados Internacionais de Catalogação na Publicação (CIP)
(Angélica Ilacqua CRB-8 / 7057)

Trindade, Diamantino Fernandes.
História da Umbanda no Brasil - Vol. 6 - Registros históricos nos periódicos : / Diamantino Fernandes Trindade (Org.) — Limeira, SP: 2ª ed. – Editora do Conhecimento, 2020.
198 p.

ISBN: 978-65-5727-012-7

1. Umbanda - História - Brasil I. Trindade, Diamantino Fernandes

17-1753 CDD – 299.672

Índice para catálogo sistemático:
1. Umbanda - História

Diamantino Fernandes Trindade
(organizador)

História da Umbanda no Brasil

Registros históricos nos periódicos

Volume 6

2ª edição – 2020

EDITORA DO CONHECIMENTO

Esta é uma obra de pesquisa e resgate da História da Umbanda. Os direitos autorais são totalmente revertidos para as atividades de caridade.

Agradecimentos

Ao irmão Adão Lamenza pelo preciosa colaboração.

Ao senhor Gabriel Abreu, assistente técnico de Diários Associados Press S. A., pelas autorizações de utilização de matérias das revistas *O Cruzeiro* e *A Cigarra*.

Dedicatória

Para todos os irmãos umbandistas e dos cultos afro-brasileiros.

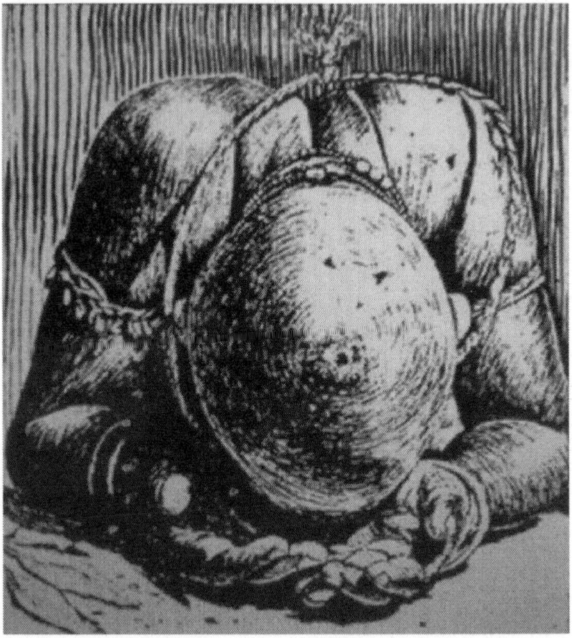

Figura 1: Discípulo de culto afro-brasileiro em oração. *Opinião Pública*, 1 de junlho de 1971.

É impossível ao historiador a imparcialidade. Desde a coleta de documentos até a redação do trabalho são feitas escolhas, que não são causais. Qualquer tentativa de escrever sobre um fato ou período histórico envolve seleção, julgamento e pressupostos metodológicos. A História não pode ser nunca puramente descritiva, pois sempre haverá elementos de avaliação em qualquer relato. Sendo assim, o máximo que um historiador pode fazer no seu trabalho é alcançar uma face da verdade, que não é absoluta e sim variável de acordo com as condições que se apresentam no momento da escrita.

Caminho e Mudança

Para iniciar no caminho da luz, há, antes, de se querer uma mudança verdadeira, sair da rotina mecânica e aborrecida que torna a vida cansativa, e acordar dessa apatia psicológica que cada vez mais envolve o ser humano comum. Esse primeiro passo será sempre precedido de um anseio íntimo, de um "chamado" vindo do coração, daquela voz interior que inquieta o ser, que o faz se mover rumo à luz, que, infelizmente, é quase sempre sufocada pelos apelos do mundo! Viver seu processo iniciático é adentrar em seu próprio caminho evolutivo, é a grande epopeia dos heróis de todos os tempos, pois só os bravos e determinados encontrarão as ferramentas certas para vencer os monstros que surgirão, a começar por aquele que jaz adormecido nas trevas da própria alma.

Reflexões sobre a Escola de Caboclo Mirim - Sérgio Navarro Teixeira – **EDITORA DO CONHECIMENTO**

Mensagem publicada na *Gazeta de Limeira*, 23 de junho de 2017

Sumário

APRESENTAÇÃO

Ainda é tempo!

Após finalizarmos o quinto volume da obra *História da Umbanda no Brasil*, diversas matérias e imagens chegaram às minhas mãos. Este material é agora disponibilizado neste sexto volume.

O termo macumba ganhou caráter pejorativo em função da grande quantidade de charlatães presentes nesses terreiros. Iniciamos este volume com três matérias sobre a "macumba paulistana" publicadas, em 1933, pelo periódico *A Gazeta*. *O Estado* publicou, em 1936, o ofício da Federação Espírita do Paraná dirigido ao Delegado de Costumes de Curitiba no sentido de agradecer pelas ações policiais contra s macumbas.

O periódico *o Jornal*, do Rio de Janeiro, noticia o pedido da Federação Espírita de Umbanda ao Ministro da Justiça, no sentido de ser um órgão consultivo do Governo Federal. Em seguida temos uma matéria do jornal *A Folha da Noite* que retrata o crescimento da Umbanda em São Paulo na década de 1950. A matéria seguinte relata a criação do Colegiado Espiritualista do Cruzeiro do Sul, entidade de âmbito nacional.

Em 1958, a revista *O Cruzeiro* publicou uma reportagem sobre a prisão do charlatão Lourival de Freitas, conhecido como o "Nero de Cavalcanti". Matéria da *Folha da Tarde* mostra o "cruzamento" de médiuns e fiéis umbandistas pelas entidades Pai Cruzeiro e Cruzeiro de Roma em um famoso terreiro de Ribeirão Pires, em São Paulo. O casamento de Alfredo Costa Moura, presidente da Federação Umbandista do Estado de São Paulo, é tema da reportagem do *Diário de São Paulo*.

A Umbanda no Uruguai é abordada no periódico *O Dia*. *O Cruzeiro* publicou duas reportagens sobre a Festa de Iemanjá na Praia Grande, em São Paulo. O *Diário de Pernambuco* aborda a I Mostra Paraibana de Rituais de Umbanda em 1968. O *Jornal de Serviço* apresenta uma matéria de Átila Nunes Filho sobre a utilização da erva "vassourinha de Exu" no culto de Omolokô enquanto Lilia Ribeiro mostra uma mensagem, escrita de próprio punho, de Zélio de Moraes. *O Cruzeiro* apresenta uma reportagem sobre a Pombagira Cigana. A morte do famoso babalorixá Joãozinho Goméia foi tema da revista *O Cruzeiro*. A mesma revista publicou uma matéria sobre um casamento na Praia Grande, em São Paulo e outra sobre o famoso Pai Jaú, antigo jogador de futebol do Corinthians e Vasco da Gama.

Duas matérias do *O Cruzeiro* e um texto nosso abordam o Culto da Jurema na Cidade de Alhambra, Paraíba. Em seguida relatamos as falsas profecias de Mães de Santo do Pará garantindo a saúde de Tancredo Neves, em 1985, alguns dias antes de seu falecimento, fato que abalou o povo brasileiro.

Seis matérias do *Correio de Notícias* abordam temas sobre Umbanda. Nireu José Teixeira apresenta uma crônica na coluna "Espeto Corrido", sobre a falta de fé; uma notícia sobre uma publicação no *Diário Oficial da União*, sobre a necessidade do cadastro de umbandistas para as práticas religiosas; a Festa de Ogum em Curitiba; o aumento do número de frequentadores nos terreiros em tempo de crise; a reação dos umbandistas brasileiros sobre a patente concedida a um uruguaio sobre as palavras Umbanda e Quimbanda e a criação de um terreiro-escola na Faculdade Espírita, em Curitiba, onde funciona o Instituto de Estudos Religiosos Afro-Brasileiros.

Adão Lamenza escreve sobre a devoção de Seu Sete da Lira a Santo Antonio e o texto "Só o bem tem o poder de construir".

Em seguida, apresento um texto sobre duas figuras religiosas populares em São Paulo: Bento do Portão e Pai João Maria Agostinho. Destacamos, também, o trabalho de duas filiais da Tenda Mirim em Londres. Uma reportagem da revista *A Cigarra* aborda a admissão de novos adeptos da Umbanda. Logo após apresentamos dois raros livretos sobre as orientações da Tenda Espírita Mirim.

Finalizamos com a Galeria de Imagens e a Galeria de Imagens do *Jornal de Umbanda*, além da famosa mensagem do Caboclo das Sete Encruzilhadas gravada por Lilia Ribeiro e publicada no Boletim *Macaia*, da TULEF.

O acervo do *Jornal de Umbanda*, no período de 1952 até 1960, encontra-se digitalizado e disponível no site da Biblioteca Nacional:

http://memoria.bn.br/hdb/periodico.aspx

Saravá!

Diamantino Fernandes Trindade
Hanamatan Ramayane

NO REINO DOS CHARLATÃES

A Gazeta, n. 8228, 15 de junho de 1933

Parece incrível que em uma cidade como São Paulo possam proliferar, funcionando abertamente, arapucas rotuladas de centros espíritas. Em todos os bairros, sem fiscalização policial, indivíduos sem escrúpulos erguem tendas, verdadeiras "macumbas", aonde ingênuos e crédulos vão levar o dinheiro das suas economias, feitas com sacrifícios sem conta, entregando-o nas mãos do feiticeiro que, assim, pode viver, de papo para o ar, madraçamente, rindo-se da simplicidade dos "otários".

A policia contra os charlatães vem agindo rigorosamente. No entanto, a sua ação encontra obstáculo sério quando procura desvendar os segredos dos centros espíritas registrados. Os donos de tais centros exibem os seus livros perfeitamente registrados, os seus estatutos e, como se trate de seita religiosa, a policia têm de cruzar os braços. A lei não lhe permite uma ação mais severa. E, no entanto, é certo que em quase todo os centros há indivíduos que exercem ilegalmente a medicina, dando receitas que farmácias aviam, e praticando atos atentatórios à moral ou iludindo os simplórios com as suas feitiçarias.

Contra a maioria dos centros onde o falso espiritismo é praticado, precisa agir com severidade, a policia, prendendo e castigando os charlatães que vivem de explorar a boa fé alheia.

Mesmo os homens de cultura, que estudam a difícil ciência do espiritismo, devem cooperar com as autoridades no sentido de serem castigados os charlatães.

Uma batida

Às 17 horas de ontem, em virtude de denuncia, os inspetores da Delegacia de Costumes, Leôncio, Cavalcante, Antonio, Longo e Lima, sob a direção do subchefe João Agostinho, deram uma "batida" na casa 87 da Rua Augusto de Miranda, residência de Augusto Raymundo, dono do Centro Espírita Santo Agostinho, centro esse não registrado.

Raymundo foi surpreendido em flagrante quando dava consultas. Calmo, sem um gesto de protesto, recebeu voz de prisão e passou-se para a sala principal do prédio, entregando-se aos inspetores.

Nessa sala, em dois nichos, estavam imagens de santos. Ao pé de cada uma das imagens uma bandeja para recolher as espórtulas. A renda de ontem, apreendida pela policia, subia a 332.000 réis.

Indagamos de Augusto:

– Qual o preço das consultas?

– Aqui não se cobra nada.

– Mas e esse dinheiro?

– É dado ao santo.

– O que faz dele?

– Ora essa, serve para o meu sustento.

– Então, o santo...

Augusto não respondeu.

Em um canto da sala, uma escrivaninha repleta de papéis, receitas, cartas de doentes, remédios de ervanárias, vidros de farmácias.

– Para que servem esses vidros?

– São de remédio.

– Receitas de médicos?

– Não. Eu mesmo receito. Tenho as fórmulas que encho e mando para uma farmácia da Rua São João e outra da Lapa.

– Mas as farmácias aviam essas receitas?

– Decerto. Eu sei o que faço. Quando vejo que o doente precisa de médico, mando-o a doutores...

Deu-nos os nomes das farmácias e dos médicos.

Gente de fora

Ao que ouvimos, de quase todos os Estados vem gente consultar Augusto Raymundo. O homem tinha clientela grande. Na sua escrivaninha estavam cartas de muitas procedências.

Entre as coisas apreendidas pela policia figuram remédios, um espelho com uma cruz feita de pingos de vela, vários desenhos de estrelas em cujo centro, para dar felicidade, estavam nomes de pessoas em evidencia no governo, talões para receitas, peras de bucho de boi, para remédio...

Entre os papéis figura um de Felippe Broncacco que pedia ao "protetor" que abrandasse o coração do Chefe do Gabinete, Dr. Bráulio de Mendonça Filho e do Senhor Thiorphro Paes Távora para que lhes dessem emprego.

O Serviço Sanitário

Naturalmente, a Delegacia de Costumes vai oficiar ao Serviço Sanitário relatando o encontro de fórmulas para receitas na casa do charlatão, fórmulas essas que trazem os nomes das farmácias que aviavam os remédios dados por Augusto Raymundo. Vale relatar que não é a primeira vez que registramos o abuso de farmácias que aceitam e aviam receitas de charlatães.

Pequeno não é, decerto, o numero de vítimas desses audaciosos charlatães que, não contentes com o explorar a credulidade alheia se abalançam a receitar-lhes remédios muitas vezes perigosos.

Curioso é ainda que farmácias aviem receitas de leigos.

Augusto Raymundo, como todos os charlatães que se prezam, tinha o seu secretário, encarregado de atender os visitantes e transmitir-lhes os pedidos. Essas funções eram exercidas por João Rodrigues, que delas, dado o modo simples, se desempenhava a contento.

A policia fez a remoção, para o Gabinete da Rua dos Gusmões, de tudo o que encontrou na casa de Augusto Raymundo.

Contra este foi lavrado auto de prisão, sendo iniciado o processo por exercício ilegal de medicina.

O Centro Espírita Santo Agostinho não estava registrado. Augusto deu 500.000 réis a um tal de Euclydes para cuidar disso, mas o homem ficou com o dinheiro e desapareceu.

NO REINO DA MACUMBA

A Gazeta, n. 8248, 8 de julho de 1933

Passando pelo purgatório da Rua dos Gusmões, José Patrocínio, o feiticeiro da Rua Anhaia, foi descansar no presídio do Paraíso.

Para iludir a boa fé dos incautos e viver madraçamente, de papo para o ar, José do Patrocínio, um malandro como há poucos, montou na Rua Anhaia, 242, um "consultório", onde, além de coisas da macumba, eram observados estranhos ritos.

Dono de um cinismo único, amador da água que passarinho não bebe, José do Patrocínio consulta os "espíritos" que lhe fervem ao cérebro e receita, para os simplórios que acreditam no seu poder protetor, água, água do Rio Tietê.

Certo é que ele não acredita que só a água faça o milagre de curar doenças complicadas e, por isso, com umas feitiçarias a propósito, infunde no espírito do ingênuo cliente, a certeza da cura.

Às vezes cura mesmo.

Isso quando o enfermo é um maníaco, inteiramente são de corpo e que, pelo efeito da sugestão que é força de que se serve o Patrocínio, esquece os seus males.

Dizem que para um "águia" nascem diariamente vinte "otários". É bem verdade.

O que admira é que, em uma cidade policiada como a nossa, possam proliferar as tendas desses feiticeiros malandros que se recomendam pela audácia e pelo descaramento com que se improvisam, de reles vagabundos, em adivinhos e curandeiros.

A praga é de tal que a própria classe médica já desesperou de pedir providencias contra esses concorrentes que improvisam consultórios em qualquer barraco anti-higiênico.

Na Rua Anhaia

José do Patrocínio nunca teve queda para o trabalho. Bêbado, mas inteligente, apercebeu-se de que, com um pouco de mistério e uma propaganda bem feita, ganharia facilmente a vida.

Montou a macumba e, desde logo algumas comadres entraram a tesourar a vida de segredos do homem, iniciando, assim, a reclame desejada pelo esperto malandro.

Apareceram logo os primeiros clientes. O feiticeiro não cobrava um real pelos favores que distribuía.

Apenas, cada cliente, era forçado a concorrer com alguma coisa para os espíritos.

Um gorro de cozinheiro na cabeça, as mãos erguidas, a boca escancarada, em voz gutural, o Zé tapeava os crédulos otários ao iniciar as sessões de pirataria todos os dias.

Rezava uma oração esquisita, com palavras cabalísticas, iniciava, em passos do urubu malandro, uma dança exótica. Terminadas as preliminares da sessão, o homem se abancava e ficava, de olhos fitos no teto do aposento, em silencio.

Isso durava alguns minutos.

Quando percebia que os seus clientes já não estavam em condições de refletir, o pirata entrava para um gabinete e dava a palavra ao secretario.

Este, um camarada que percebia a miséria de 4.000 réis por dia para dar importância ao feiticeiro, lia uma ata qualquer e, no fim da leitura sentava-se junto a uma mesinha dizendo:

– Pai Zé pode ser consultado pelos irmãos.

Cada pessoa que entrava no gabinete deixava antes, em uma caixinha vigiada pelo secretario, o adjutório.

Assim, "nesse engano da alma ledo e cego", gozando o "doce fruto" das suas artimanhas o Zé do Patrocínio ia vivendo a vida como sonhara. Inteiramente esquecido de que temos nesta Capital um Gabinete de Investigações e, neste, uma delegacia encarregada de dar combate aos "águias" da sua espécie.

A polícia

O Dr. Costa Netto, Delegado de Costumes e Jogos soube

da existência de José do Patrocínio e recomendou-o aos cuidados do Dr. Brasiliense Carneiro.

Figura 2: José do Patrocínio no momento da sua prisão. *A Gazeta*, n. 8248, 8 de julho de 1933.

Essa autoridade mandou que o subchefe dos inspetores da Delegacia, Senhor João Agostinho, fosse com uma turma de agentes "consultar" o feiticeiro se era do seu agrado fazer uma estação de descanso em um dos aposentos seguros do presídio da Rua do Paraíso, purificando-se antes, no purgatório da Rua dos Gusmões. Contrariado na sua modéstia, não se julgando de tal honra, o Zé do Patrocínio tentou escusar-se ao convite. A insistência do Agostinho, porém, convenceu-o e ele se foi para o estado maior das grades onde ficará gozando, por algum tempo, do merecido sossego.

AS MACUMBAS E OS MACUMBEIROS EM SÃO PAULO

A Gazeta, n. 8292, 29 de agosto de 1933

A politica de costume, de quando em quando, organiza caravanas que dão "batidas" aos antros onde feiticeiros madraços instalaram as suas macumbas para explorar a ingenuidade da gente simples e dos ignorantes.

Parece incrível, mas é uma dolorosa verdade; na cidade maravilhosa contam-se às dezenas os sórdidos casebres nos quais vivem, em meio à maior imundície, indivíduos audaciosos, capazes de todas as infâmias e que, não raro, com a pratica de fingidos sortilégios, influem ao espírito dos fracos levando-os a cometer desatinos de toda sorte.

Quantas tragédias anônimas não se desenrolam diariamente na cidade; quantos lares não se desmantelam; quantos infelizes atacados da mania de perseguição não cometem desatinos e loucuras, exclusivamente por influencia da ação nefasta dos perniciosos e perigosíssimos aventureiros que nas macumbas, servindo a interesses inconfessáveis, preparam e levam a efeito os maiores crimes contra famílias inteiras?

A policia, infelizmente, quase nada pode fazer para por fim às infâmias dos feiticeiros analfabetos, mas ladinamente sabidos e astuciosamente audaciosos.

O único castigo imposto pelas autoridades a essa gente que representa um perigo constante para a coletividade, reduz-se a algumas horas de prisão, pois não há processo que pegue contra os feiticeiros.

A polícia só tem um recurso para livrar a cidade dos macumbeiros. Será uma violência necessária. Enviando, como elementos perigosos à sociedade, para a Ilha dos Porcos, os fazedores de milagres prestará o delegado de costumes um grande serviço ao povo. O Dr. Costa Netto, que já tem levado a cabo empresas de maior vulto, por certo, com o precioso auxilio do seu comissário, Dr. Brasiliense Carneiro, se quiser, acabará com os infectos antros de feitiçaria, espalhados pela cidade e com os centros onde os espertalhões vagabundos, praticam o falso espiritismo.

Zé do Pato

Um camarada franzino, falador como ninguém, analfabeto, mas com a mania de linguajar hebraico e o latim, cheio de gestos solenes, "poseur" a convencido da sua importância, é o pardo José do Patrocínio que faz questão que o chamem de "Zé do Pato".

Perigoso sob todos os aspectos, discípulo do famoso explorador João de Camargo, de Sorocaba, o Zé não fala com São Pedro ao telefone, mas, com a sua lábia seria, se soubesse ler e escrever, um camarada que traria, com as suas inclinações para o mal, a policia em um cortado.

No antro

A macumba de José do Patrocínio estava instalada à Rua Baronesa de Porto Carreiro, em uma casa bem oculta. Ontem à noite, sob a direção do subdelegado Paulo Pereira, uma caravana da policia foi buscar o homem, por ordem do Dr. Costa Netto. A Gazeta acompanhou a diligencia.

Eram 21 horas quando o encarregado Vicente Fraga e o inspetor Mendonça franquearam o quintal da casa e ingressaram no aposento onde estava instalado o antro.

Os agentes Corrêa e Ranedutti, de um lado e Serpa e Guimarães do outro, cercaram a casa.

Entramos. A um canto, sentado em uma cadeira baixinha descalço, tendo aos ombros uma estola, Patrocínio, concentrado, murmurava palavras cabalísticas enquanto que, de pé, à sua frente, em atitude do mais absoluto respeito, duas mocinhas residentes no Bom Retiro esperavam que o "santo" lhes dirigisse a palavra. De quando em quando, fingindo não ver os homens da policia que não queriam perturbar-lhe a oração, o malandro, com um ferro, mexia umas brasas amontoadas ao seu lado.

Quando achou que era tempo de acabar com a farsa o patife levantou-se e disse às moças:

– Vocês vão em paz que a polícia está aqui e eu recebo com doçura as autoridades.

O subdelegado Paulo Gomes Ferreira mandou que as moças se retirassem. José do Patrocínio quis convencer a todos que era um homem obediente às ordens da policia. Mostrou-nos o antro. Coisa repugnante. Um espaço, acanhado, com quadros de santos pelas paredes e imagens em nichos improvisados. Em um quadro, bem impresso, um cartaz rezava uma ordem de *habeas corpus* impetrada a favor do malando. Quando um consulente se mostrava medroso ele mostrava o impresso e convencia o homem de que tinha ordem do Juiz.

Figura 3: José do Patrocínio. *A Gazeta*, n. 8292, 29 de agosto de 1933.

A igreja

Patrocínio chamava de igreja o antro onde iludia as suas vitimas. Paramentando-se como um padre, o perigoso individuo agia de maneira a impressionar os fracos crédulos que o procuravam para a cura de toda espécie de males.

Zé do Pato, desde ontem resmunguento como ele só, descansa em um dos xadrezes do Gabinete. E para que o leitor avalie a sua influencia no bairro do México basta citarmos o fato de, à hora em que passava preso, ter sido cumprimentado por dezenas de pessoas. De uma casa, um jovem deu-lhe esta despedida:

– Deus o acompanhe.

Do México a Perus

Do bairro do México a caravana rumou para Perus.

Viagem perigosa. A cerração era tal que impedia aos motoristas a visão da entrada. Os faróis mal nos mostravam ligeiros e embaçados, trechos do caminho. Mesmo assim avançamos. Na baixada de Pirituba, quase junto ao Pinel um dos carros entrou pelo campo. Eram precisamente 24 horas quando alcançamos a fonte Botuquara onde o caseiro, um espanhol delicado, nos recebeu com cortesia. Dali ao ponto visado, um centro espírita, iam dois quilômetros de entrada horrível. A pé, por um atalho aberto entre um canavial, ganhamos caminho. Chegamos, por fim, à casa da menina que fugiu.

Era a residência do japonês Pukiro Okusa, perdida no meio de um canavial em São Pedro Velho. Esse homem, chefe de família numerosa, entregou-se às mãos de curandeiros. Estes conseguiram surrupiar-lhe perto de 600.000 réis. Frequentando as sessões espíritas na residência de José Rodrigues de Almeida, camarada sabido, o japonês ali recebia dos "protetores", remédios dos quais a aspirina, o mais barato, custava apenas 500 réis. Almeida, com as suas farsas, vendia "água fluida" a 5.000 réis o litro e todos os demais remédios, para a cura de todos os males, a preços nunca vistos.

Pukiro tem uma filha de 15 anos. A menina, por influencia dos "espíritos" deixou-se impressionar pela lábia de um calabrês quarentão, o Antônio, e fugiu com ele, parecendo ter sido auxiliada na fuga por um irmão, também dominado pelo "espiritismo".

Beirava às duas da madrugada quando chegamos à casa do homem.

Bem falante, em um português que procurava tornar carregado, o Almeida nos recebeu fingindo-se surpreso:

– Que honra! Vossas excelências se dignarem vir até aqui! A que se deve a excelsa presença de Vossas excelências?

O subdelegado Paulo Pereira Gomes, singelamente, respondeu-lhe:

– É que o Falettil da Gazeta quer uma fotografia sua. Temos também a incumbência de levá-lo ao Dr. Costa Netto que o quer interrogar.

– Para que?

– Isso eu não sei. Ele quer conhece-lo.

O Almeida, fingindo-se amável, preparou-se e acompanhou a caravana. Bem disposto, falava a todo o instante:

– Mas, eu não conheço o Dr. Costa Netto.

– A sua fama de adivinho corre o mundo.

– Mas eu não adivinho nada. Os "protetores" é que dizem tudo.

Depois, sob a neblina, enquanto os motores roncavam e os carros varavam o branco da estrada úmida, o homem fechou-se, recusando-se a falar.

O Inspetor Fraga, hábil, em um "baratino" bem jogado, foi arrancando, silaba por silaba, a história do Almeida.

Ele não tirou dinheiro do japonês. Ele apenas pagava os remédios. O subdelegado de Perus dera-lhe licença para o funcionamento do "centro espírita".

Depois contou os milagres. O Flausino fora curado. Uma moça se desenvolveu e chegou a casar. Foi por aí afora relatando, convencido, um mundo de milagres, nos quais, é claro, não acreditamos e o leitor acredite se quiser!

Foi uma história bem contada, mas, que não pegou.

Sobre a fuga da pequena japonesa, como pareça que o Almeida tem culpa no cartório, há inquérito na Delegacia de Vigilância e Capturas.

José do Patrocínio e José Rodrigues de Almeida serão interrogados hoje pelo Dr. Costa Netto que os vai processar pelo exercício ilegal da medicina.

COMBATE AO BAIXO ESPIRITISMO

O Estado, n. 72, 24 de dezembro de 1936

Várias vezes temos nos referido aqui às disposições em que a Federação Espírita do Paraná se acha de cooperar com as autoridades no combate ao chamado baixo espiritismo, ao qual cabe melhor a designação de macumba ou feitiçaria.

Acerca do assunto o Senhor João Ghignone dirigiu ao Dr. Fausto Bittencourt, Delegado de Costumes, o oficio abaixo com as afirmações das mais categóricas e impressionantes:

Curitiba, 23 de dezembro de 1936.

Exmo. Sr. Dr. Delegado de Costumes.

Nesta Capital.

Prezado Sr.

Acuso recebido o vosso oficio nº 382, de 15 de dezembro, inteirando-me devidamente dos seus dizeres.

Esta Federação tem a agradecer a ações das autoridades policiais pelo combate ora empreendido contra os intrujões, que se dedicando a pratica de toda sorte de malefícios, desejam envolver o nome de nossa doutrina, a qual paira muito acima dos sentimentos materializados e inescrupulosos desses eternos "vendilhões do templo".

Nesta campanha, encetada em boa hora por V. S., a Federação Espírita do Paraná, e todos os grupos e centros a ela filiados, sentem-se a vontade para aplaudirem essa moralizadora ação.

Em reunião realizada a 20 do presente ficou deliberado que até 31 de janeiro vindouro, vos será fornecida a relação completa dos grupos e centro espíritas desta Capital, e filiados a esta Federação, entidades estas que serão fiscalizadas por membros da Diretoria e onde não se praticam sortilégios e ritualismos exóticos, incompatíveis com os grandiosos ensinamentos do nosso Divino Mestre Jesus.

Semper Ascendens.

João Ghignone – Presidente

A FEDERAÇÃO ESPÍRITA DE UMBANDA QUERIA SER ÓRGÃO CONSULTIVO DO GOVERNO

Em 1939, por determinação do Caboclo das Sete Encruzilhas, Zélio de Moraes e outros colaboradores fundaram a Federação Espírita de Umbanda (FEU) que organizou o Primeiro Congresso Brasileiro do Espiritismo da Umbanda, em 1941. Alguns anos depois, a instituição passou a se chamar União Espiritista de Umbanda do Brasil (UEUB). A FEU fez uma solicitação ao Ministério da Justiça que foi arquivado como podemos ler a seguir.

O Jornal, n. 7543, 28 de novembro de 1944

Ministério da Justiça

Foi enviado ao Ministro da Justiça um requerimento da Federação Espírita de Umbanda, com sede nesta capital, no qual solicita esta associação as regalias de órgão consultivo do Governo Federal.

O requerimento seguiu os necessários tramites, e, de acordo com as informações contidas no vespertino processo, o referido titular mandou que fosse o mesmo arquivado.

GANHAM POPULARIDADE OS TERREIROS DE UMBANDA

Texto de Hermilo G. Pacheco
Folha da Noite, 16 de setembro de 1955

A exemplo do que ocorre no Rio de Janeiro, onde a macumba constitui autentico espetáculo, que atrai multidões, chegando ao ponto de, em certas ocasiões, interromper o transito, em São Paulo também estão ganhando grande popularidade os chamados "terreiros de Umbanda".

Ritual de origem africana, dividido em leis, linhas ou correntes, entre as quais se destacam as de Nagô, Jêje, Caboclos e outras, até há pouco tempo a macumba só era praticada em locais afastados da cidade e tinha por adeptos apenas gente simples e humilde.

Adesão da "gente bem"

Ultimamente, porém, a seita de Umbanda alastrou-se por toda a cidade e seus terreiros ou simplesmente tendas, estão instaladas até, em pleno centro da capital.

Ao mesmo tempo, a frequência melhorou sensivelmente, contando-se entre os adeptos, em alguns casos, até "gente bem". Os umbandistas dispõe de amplos meios de divulgação e propaganda, inclusive de jornal próprio.

Tenda Espírita Caritas Beneficente

O repórter teve o ensejo de surpreender uma tenda em pleno funcionamento. Trata-se da situada no prédio número 270 da Avenida Tiradentes, sendo seu presidente o Senhor Anibal Silva.

Cerca das 21 horas, quando ali chegamos, já se haviam iniciado as solenidades. O pequeno salão estava repleto de sócios e convidado, notando-se entre os mesmos elementos pertencentes a diversas camadas da população, desde os mais humildes até os de destaque social, médicos, advogados, militares etc.

Espetáculo interessante

O ritual tem na direção a Senhora Gertrude Damasceno, conhecida no centro como Mãe Tudinha. Senhora de estatura baixa, mas corpulenta, deixa-se "tomar" por seus espíritos protetores e, nesse estado de transe, mostrando uma agilidade de pasmar, reúne os filhos e filhas de santo, todos vestindo roupões de tecido branco, e fá-los também entrar em transe. Seguem-se os cânticos, que marcam o compasso das danças.

Geralmente as danças, segundo notamos, se revestem de características impressionantes: os bailarinos e bailarinas pulam, saltam, atiram-se ao chão, contorcendo-se e gesticulando desordenadamente, dando a ideia de que se esforçam desesperadamente na busca de harmonia dos movimentos bárbaros.

Um espetáculo sem duvida interessante, e que merece ser visto.

O COLEGIADO ESPIRITUALISTA DO CRUZEIRO DO SUL

Diamantino Fernandes Trindade

A tentativa dos umbandistas em demarcar seu distanciamento das práticas religiosas da matriz africana, aproximando-se do Espiritismo, vai além das teses do Primeiro Congresso Brasileiro do Espiritismo de Umbanda, ocorrendo nas obras de seus intelectuais. Termos como Umbanda Branca, Umbanda Pura, Umbanda de Linha Branca são contemporâneos desse Congresso, que sugeriam a purificação da Umbanda de seu passado africano.

Na década de 1940, existiam dois grandes grupos de intelectuais umbandistas que trabalhavam em sentidos opostos: um, procurava o reconhecimento da Umbanda como uma religião espírita ou pelo menos com tais características, o outro defendia as origens africanas da Umbanda e uma completa independência do Espiritismo.

O primeiro grupo apresentou suas teses no Primeiro Congresso Brasileiro do Espiritismo de Umbanda, em 1941, e reconhecia a origem africana da religião umbandista, mas defendia a matriz espírita kardecista com bases católicas.

Um dos objetivos deste Congresso era mostrar as raízes genuínas da Umbanda do Oriente. Uma análise do conteúdo simbólico das teses apresentadas durante o Congresso mostra que os intelectuais de Umbanda, em busca de legitimidade, tentavam construir uma identidade mais próxima do Espiritismo do que das origens africanas.

Os participantes desse grupo preocupavam-se em revestir a Umbanda com qualificações que acabassem com a discriminação e o preconceito (baixo espiritismo e macumba). O fato ficou conhecido como o embranquecimento da Umbanda.

O segundo grupo, caminhava na direção oposta, defendendo a origem e as raízes africanas, não aceitando a aproximação com o Espiritismo. Procuravam resolver o problema da perseguição religiosa por meio do sincretismo com o

Catolicismo, que já havia sido incorporado pelos candomblés e pelos Cultos de Nação em geral. A figura de maior destaque nesse grupo foi Tancredo da Silva Pinto, considerado o principal articulador do Culto Omolokô no Brasil.

JORNAL DE UMBANDA

MISÉRIA E INFÂMIA

DIA DAS MÃES

MILAGRES

A IGREJA CATÓLICA PROÍBE OU NÃO PROÍBE?

1.º CONGRESSO BRASILEIRO DE UMBANDA

Figura 4: Capa do *Jornal de Umbanda*, maio-junho de 1956.

Um dos objetivos do Primeiro Congresso Brasileiro do Espiritismo de Umbanda era desafricanizar a Umbanda e por isso não haviam sido convidados os lideres das religiões afro-brasileiras. Em 1950, Tancredo da Silva Pinto, defensor dos cultos afro-brasileiros, fundou a Confederação Espírita Umbandista do Brasil.

Na metade da década de 1950, seis federações foram fundadas no Estado do Rio de Janeiro, dentre elas, a Aliança Umbandista do Rio de Janeiro (AURJ). Três dessas federações defendiam uma forma de Umbanda africanizada.

Tancredo da Silva Pinto, através de sua coluna semanal no jornal *O Dia*, recomendava uma forma africana para os rituais da Umbanda. Conseguiu grande ascendência sobre os setores mais humildes da religião, chegando a receber o título de *Tata de Umbanda*.

Em 1956, os representantes das duas correntes, a Umbanda Pura e a Umbanda Africanista superaram determinadas divergências e formaram uma coligação, que agrupava as principais federações do Rio de Janeiro, e foi denominada de Colegiado Espiritualista do Cruzeiro do Sul e tinha a UEUB como principal articuladora. Dessa coligação participou também Tancredo da Silva Pinto chegando mesmo a ser um dos seus presidentes. Duas matérias do mês de maio de 1956 do *Jornal de Umbanda* registram os objetivos e a instalação do Colegiado.

Como esperamos seja o Colegiado Espiritualista do Cruzeiro do Sul

A UNIÃO ESPIRITISTA DE UMBANDA DO BRASIL, o PRIMADO DE UMBANDA, a CONFEDERAÇÃO ESPÍRITA UMBANDISTA e a ORDEM MÍSTICA ESPIRITUALISTA AGLA-AVID se uniram para fundar o COLEGIADO ESPIRITUALISTA DO CRUZEIRO DO SUL, cujo objetivo é estabelecer a harmonia entre as diversas correntes religioso-espiritualistas.

Primeiro o intercâmbio em uma política de "boa vizinhança" para, à medida que essas relações forem estreitando os seus laços, ser possível trabalhar e lutar pelo "GLÓRIA A DEUS NAS ALTURAS E PAZ NA TERRA AOS HOMENS DE BOA VONTADE" que um dia poderá ter um sentido mundial se for possível primeiro criar o entendimento no nosso Brasil.

Pode parecer para muitos uma utopia, uma tarefa superior à força humana, mas é preciso notar que não estamos sós e que à nossa volta existem inúmeras Falanges cuja missão é justamente despertar a espiritualidade, a fraternidade e o entendimento entre os seres humanos.

Mas é preciso que os elementos que tem sobre suas cabeças a responsabilidade de manter o equilíbrio de relações entre essas correntes do pensamento humano ajam sempre com a máxima lealdade e sinceramente absoluta. Nada de puxar a "brasa para a sua sardinha". Nada de querer preponderar ou mesmo querer demonstrar superioridade.

Antes de tudo é preciso respeitar para ser respeitado; deixar os julgamentos para a Justiça Divina. É preciso não olvidar nunca que muita gente que por aí anda pensando ser espírito altamente evoluido, quando chegar lá em cima, na pátria da realidade, há de se sentir encalistrado e muito se admirará quando verificar que muitos daqueles que mereciam seu desprezo e sua pena estão situados muitos degraus acima, na escala da espiritualidade.

Esse passo que acaba de ser dado é um principio ainda muito embrionário. A semente ainda precisa brotar, ser bem resguardada, para que possa crescer e a haste se transformar em arbusto e muito depois em árvore frondosa.

Urge que cada uma dessas correntes estabeleça bem claramente suas normas, de modo a que cada uma tome conta de sua seara sem entrechoques, sem invasão de fronteiras, o que só pode ser alcançado se essas fronteiras estiverem bem determinadas.

Urge promover a criação da Federação dos que seguem o rito Omolokô, urge reunir os que fazem Quimbanda. Urge estabelecer todas as diferenciações para que então o entendimento seja possível e não provoque confusões lamentáveis.

É mistér muita coragem, muito desprendimento, muita luta, mas acima de tudo boa vontade e sinceridade.

Muito necessária é a colaboração das organizações de primeiro grau (tendas, centros, cabanas, templos, lojas etc.) de modo que cada uma, compenetrada de suas responsabilidades e de sua posição no tempo e no espaço, não venha a perturbar essa harmonização tão necessária.

É preciso que as comissões encarregadas de organizar, dentro de suas respectivas agremiações, suas normas e as que reúnam representantes das diversas correntes para o estabelecimento do que acima chamamos de fronteiras, todas sejam escolhidas com muito critério, em que entrem os fatores de conhecimento, de equilibrado bom senso e de muito espírito de compreensão e fraternidade, para que seja possível colher frutos verdadeiramente sadios, subjetiva e objetivamente.

Essa talvez seja a tarefa inicial de maior responsabilidade, pois qualquer falha pode redundar no mais completo fracasso da iniciativa.

Da elevação dos propósitos de cada um resultará o êxito, assim como da segurança dos alicerces depende a firmeza e alcance de qualquer obra.

Nada de concessões politiqueiras nessa escolha é primordial.

Por sua vez os que receberem tais encargos ter aquele espírito de renuncia que marcou os apóstolos de Cristo, que tudo deixaram para seguir seus passos, fortuna, bens e família.

Assim é que acreditamos ser possível realizar essa obra, que consideramos belíssima e necessária, a qual, se firmar-se, atrairá por certo novos agrupamentos, o que a reforçará naturalmente.

Colegiado Espiritualista do Cruzeiro do Sul

Instalou-se no dia 30 de maio, na sede do Centro Espírita Caminheiros da Verdade, Rua Atalaia, 133, Engenho de Dentro, o COLEGIADO ESPIRITUALISTA DO CRUZEIRO DO SUL, tomando posse, na mesma oportunidade a sua primeira diretoria que ficou assim constituída; *Conselho Superior*: Benjamim Gonçalves Figueiredo, Presidente Executivo; Floriano Manoel da Fonseca e Tancredo da Silva Pinto, presidentes, sendo este o mais alto órgão dentro do COLEGIADO; Secretário Geral, Professor Celso Alves Rosa; Tesoureiro Geral, Senhor Armando Gareau Moreira; Presidente da Comissão de Investigação Psíquica, Professor Waldir Osório; Comissão de Assuntos Materiais, Senhor Jerônimo de Sousa; Superintendente de Assuntos Espirituais, Senhor Antônio Venâncio do Nascimento; Superintendente de Assuntos Materiais, Sebastião Rodrigues Alves; Comissão de Visita e Intercâmbio, Jayr Matos Tostes; Comissão de Sindicância, Profilaxia Moral e Fiscalização, Aristides Castanheira; Comissão de Estudos e Pesquisas, Dr. Henrique Landi. *Conselho Fiscal*: João Carneiro de Almeida, Raimundo Guedes Cavalcante, José Ribeiro, Belarmino de Oliveira Pinto, Roberto Ramos de Oliveira e Manoel Nogueira Aranha.

Os trabalhos tiveram inicio exatamente às 20 horas, logo após ter sido constituída a mesa que dirigiu os trabalhos, cabendo a presidência ao irmão Presidente do COLEGIADO, Senhor Benjamim Gonçalves Figueiredo, participando da mesma as diversas representações que ali compareceram, anotando-se entre as mesmas a representação da União Espiritista de Umbanda do Estado de São Paulo e Confederação dos Centros Espíritas de São Paulo; Dra. Dala Paes Leme, esposa do pintor do lindo e espiritual quadro de Iemanjá. Inicialmente ouviu-se o Hino Nacional executado pela Banda de Música do Terceiro Batalhão da Policia Militar; a seguir foi pronunciada a prece pelo irmão Presidente do Centro Espírita Caminheiros da Verdade e conselheiro do Colegiado, João Carneiro de Almeida, após o que fazem uso da palavra, representando, respectivamente: União Espiritista de Umbanda do Brasil; Confederação Espírita Umbandista e Primado de Umbanda, instituições fundadoras do Colegiado; fala em seguida o jornalista e escritor João de Freitas.

Encerrada a primeira parte, sob a direção da Professora Lídia Nunes, Presidente do Centro Espírita Trabalhadores Humildes e diretora do Departamento Infanto-Juvenil da União Espiritista de Umbanda do Brasil, tem inicio a solenidade artística com a apresentação do belo quadro: CRUZEIRO DO SUL, com a participação de jovens irmãs dos diversos Centros e Tendas de Umbanda, como sejam: Caminheiros da Verdade; Cabana Nosso Senhor do Bonfim; Trabalhadores Humildes e muitas outras que nossa reportagem não conseguiu anotar, cada uma delas representando um Estado do Brasil. Empunhando garbosamente a bandeira nacional recitavam um poema alusivo ao Estado que representavam, terminando com a jovem simbolizando o Cruzeiro do Sul, a qual, após declamar lindo poema, intitulado "O Cruzeiro do Sul", passa a linda faixa ao Presidente executivo do COLEGIADO.

Figura 5: A mesa diretora dos trabalhos. *Jornal de Umbanda*, maio-junho de 1956.

Na mesma ordem é oferecido ao COLEGIADO, pelos trabalhadores da Cabana Espírita Nosso Senhor do Bonfim uma linda flâmula sendo a mesma entregue ao Presidente; segue-se um bem organizado show, sob a direção do jovem Osmar, representando a Ordem Espiritualista Agla-Avid, que arrancou merecidos aplausos do publico com a linda apresentação dos artistas. Termina a inesquecível festa com uma farta mesa de doces.

Anotamos entre os presentes o filho do General Araripe Faria, o jovem Dr. Manoel Araripe; o escritor umbandista Lourenço Braga; Olívio Novais e as representações das seguintes Tendas e Centros: Sumaré; Tupinambá; Pai Joaquim de Loanda; Fraternidade; Cabana Espírita Jipiri; Nosso Senhor do Bonfim; Cabana Espírita Pai João; Tenda Espírita Fé pela Luz; Centro Espírita Perseverança; Centro E. U. S. Antônio de Pádua; Olívio Novais, representando o *Jornal de Umbanda*;

José Alves de Oliveira, representando *O Caminho*; e o Professor Theodoro Castelo, representando *O Caminheiro* e ainda o representante do jornal *Nossa Umbanda*; Sociedade Baiana; Seara de Umbanda Tupinambá; Casa Espírita Cosme e Damião; Tenda Espírita Tupinambá; Tenda da Igreja de Cristo; Tenda de Umbanda Jesus Maria e José; Tenda Ubirajara; Primado de Umbanda.

O Colegiado Espiritualista do Cruzeiro do Sul organizou o Segundo Congresso Nacional de Umbanda, em 1961, no Rio de Janeiro. Um dos objetivos desse evento era fazer uma avaliação das mudanças ocorridas no panorama umbandista nos vinte anos que se passaram desde o primeiro evento, em 1941. O Congresso ocorreu no Maracanãzinho e milhares de umbandistas estiveram presentes, incluindo desta vez, representantes de dez Estados e vários políticos municipais e estaduais.

Esse evento foi organizado por Leopoldo Bettiol, Oswaldo Santos Lima e Cavalcanti Bandeira. A comissão paulista foi a mais numerosa e representativa, com a participação de Félix Nascentes Pinto, General Nélson Braga Moreira, Dr. Armando Quaresma e Dr. Estevão Monte Belo. Neste congresso definiu-se a criação do Superior Órgão de Umbanda para cada Estado, congregando as Federações. Apenas o Estado de São Paulo conseguiu criar o então chamado SOUESP (Superior Órgão de Umbanda do Estado de São Paulo) marcando presença no congresso posterior.

No jornal *O Dia* de 03 de fevereiro de 1963 podemos ler uma nota sobre a posse do novo presidente do Colegiado:

> Em assembleia geral realizada no dia 17 de dezembro ultimo, na sede da Congregação Espírita Umbandista do Estado da Guanabara, situada na Rua Manoel de Frias, 16, foi eleito o Presidente do Colegiado Espiritualista do Cruzeiro do Sul, o Dr. Henrique Landi Junior.

UM NOVO IMPÉRIO PARA O NERO DE CAVALCANTI

Texto de Ubiratan de Lemos
O Cruzeiro, n. 31, 10 de maio de 1958
Autorização de D. A. Press S/A

Desmascarado pela reportagem de *o Cruzeiro*, Lourival de Freitas, o "cura tudo" suburbano que já conseguira fazer milhões, caiu nas mãos da Policia, trêmulo e assustado. Agora, aguardam-se as revelações do seu arquivo.

Há um trono vazio no subúrbio carioca de Cavalcanti e um hábil trapaceiro no xadrez especial da Divisão de Policia Politica. Lourival de Freitas, aquele macumbeiro espertalhão que foi Nero, Messalina, Átila, Rei dos Hunos, Petrônio, Caboclo Tocantins, Pai Catumbé e outros espíritos desencarnados. Com a reportagem de *O Cruzeiro* a tiracolo (a que desmascarou o Nero suburbano), os Detetives Juvenal e Miguelão, em um recorde de 48 horas de diligências, prenderam Lourival, em Cachambi, onde ele se refugiava no apartamento de um seu médium e cumplice. Recebeu a Policia com medo. Tremia como se estivesse no Polo Norte, em mangas de camisa. Depois controlou as palavras e fingiu surpresa:

– Eu, preso, por quê? Vocês estão enganados.

Lourival estava com barba de uma semana. Cara de faquir, retinas fundas, a rigor com a pinta de milionário. Tivemos com ele um ***tête à tête*** na frente de vários inspetores da DPS e do Delegado Mário Lucena. Recapitulamos suas falsas operações que "curavam", os truques do éter sulfúrico que ele não bebia e o da pólvora que não lhe queimava a mão. Passamos em revista todos os detalhes de suas mistificações e de suas chantagens. Ele permanecia estranhamente calmo. Não respondeu diretamente às nossas acusações, limitando-se a uma frase: "Muita gente curada por mim irá aparecer neste processo". Dois dias depois de recolhido ao xadrez, Lourival passou a apelar para o seu talento imitativo. Primeiro, simulou ser um pobre coitado, vítima das torpezas do mundo. Choramingou, coçou a cabeça, dizendo que sofreria calado, mas nada dizia de sua vida. Depois bancou o maluco: as pupilas mortas pareciam faíscas. Começou a pular em um pé só, dando gritos de alucinado. Quem lhe passasse ao lado, recebia uma caneca com água no rosto. Até um PE tomou um banho. E também simulou suicídio. Amassou as bordas da caneca e fingiu que serrava o pescoço, avisando: "Eu vou me matar" etc. Aproveitando a distração do pessoal, o malandro disparou pelos corredores. Queria a rua, a liberdade. E, como ultimo recurso, está acusando (sem provas) Deus e o mundo. Dona Zenóbia, a esposa, é o alvo preferido de seus ataques.

Prisão dos cúmplices e apreensão do arquivo

Enquanto Lourival fazia das suas, a Policia trabalhava. Era a corrida para descobrir, antes, o esconderijo das fotos e dos discos de gravação – arma secreta das chantagens. As fotos (algumas) eram de pessoas ilustres, que tinham ido ao terreiro por curiosidade. Os discos revelavam vozes importantes, cujos donos Nero iludiu com as "curas" de câncer e outros males. Carlinhos, irmão dele, contribuiu para que os documentos fossem encontrados pela Policia. Juvenal, Miguelão e Hugo, este também detetive, encontraram as fotos e os discos no alto de um morro, perto da casa de Lourival, em Cavalcanti. Estavam debaixo de uma pedra. A busca na sua casa luxuosa (tapeçarias, cortinas de nylon e estofamentos em veludo vermelho) resultou na apreensão de correspondências e dos livros onde Lourival registrava suas "curas", com garranchos simbólicos. Dona Cecilia, a principal cúmplice, confessou logo que matava as galinhas, dando o sangue a Lourival para que este "operasse" os pacientes. Reviveu com detalhes, o quadro que impressionou o Dr. Erlindo Salzano, Diretor do Departamento Nacional de Saúde e ex-Vice Governador de São Paulo. Lourival sabia que íamos levar o Dr. Salzano ao seu terreiro, para que pudesse opinar sobe os "fenômenos". Contratou Manoelina, loura sem profissão, para interpretar uma tuberculosa, em acesso de hemoptise. Essa *partner* encheu a boca de sangue de galinha, salpicando de vermelho também a cama. Depois o Nero, "incorporado" em Lourival, "curou-a", aplicando-lhe dois centímetros de cachaça e "cruzamentos" com uma faca. Waldir, que reside na casa de Dona Cecilia, foi quem matou dois pombinhos. Recolheu o sangue em um copo e passou às mãos de Lourival. Seu fotógrafo particular, Zezinho, foi preso em Nova Iguaçu, onde a Policia apreendeu outros negativos fotográficos. Faltam ser presos o Paulinho, parceiro de Lourival em todas as suas chantagens e o Zé do Violão (que toca em Barra Mansa).

Foi este homem que – doutra feita – trócou a lata de formicida que Lourival tinha à mão por outra, da mesma marca, mas contendo açúcar com canela. A Policia convidará, para depor, o médico Alberto Moutinho, da Farmácia do Povo, em Cavalcanti, sobre quem pesam graves acusações. Seria ele o mentor intelectual do Nero, no que se referia a "operações". Dona Zenóbia sustenta que, naquela farmácia, retirou 20 centímetros cúbicos de sangue, chegando a desmaiar em consequência. O plasma destinava-se às "intervenções cirúrgicas" de Lourival, que também "doava" sangue para os "trabalhos". Os leitores perguntarão por que Lourival não usava somente sangue de galinha? Respondemos: nós mostramos o desejo de mandar examinar o sangue – daí a necessidade do plasma não ser de pombinhos e galináceos. Outro depoimento que será importante para a Policia é o de Beto, amigo de infância de Lourival. Foi a ele que o malandro encomendou uma placenta (Beto trabalha em maternidade) para uso nas "curas". O sargento Landim, da Marinha, vizinho parede-e-meia de Lourival, ouvia as conversas do casal. Dona Zenóbia falava alto, reprovando o marido, após as falsas sessões espíritas. O seu depoimento esclarecerá aspectos controvertidos do caso. Esperam-se, no volumoso em que se transformará o *affaire*, depoimentos importantes, que porão abaixo as duvidas quanto à qualidade de mistificado de Lourival de Freitas.

Contrato espiritual de casamento

Recordamos memorável reunião no terreiro de mistificação de Lourival. Era uma "sessão de gala". Seu Nero, dentro de sua capa vermelha, ia "oficiar" um casamento. La estavam médicos, advogados, policiais, jornalistas e espíritas sinceros. Havia bolo de noiva, *corbeilles* e bandeirolas. Até convite o Nero mandou imprimir. O Zé do Violão estava a um canto. Tocava boleros macios. Eis que Lourival anunciou o começo de cerimônia. Alguém leu o contrato de casamento (espiritual), realmente uma peça muito engraçada. Ei-la, sem retoques, tal qual apareceu por lá:

"Lúcio Domício Nero Claudius certifica que no Livro Espiritual de Casamentos, foi hoje o assento do matrimônio de José Jacinto Sobrinho e Darcy Madureira Vieira, contraído perante Ele, Lúcio Domício Nero Claudius, sendo testemunhas do ato Boaventura Próspero Casazola e Iza Vieira Casazola, residentes à Rua Brício Filho, 47, nesta capital. Ele, nascido no Estado de Alagoas, aos 27 dias do mês de dezembro, do ano de 1929, de profissão, Segundo Sargento da Marinha, músico, residente à Rua Luiz Delfino, 23, filho de Aprígio Jacinto da Silva e Dona Emília Umbelina da Silva. Ela, nascida no Distrito Federal, aos 21 dias do mês de setembro, do ano de 1934, de profissão prendas domésticas, residente à Rua Santo Sepulcro, 27, filha de pai já falecido e de Dona Maria da Penha Madureira Vieira Sobrinho. Foram apresentados os documentos a que se refere às leis da Terra, onde estão os espíritos encarnados. O casamento é efetuado pelo regime de comunhão de bens, não podendo haver partilha nos bens materiais, não deixando os cônjuges liberdades materiais de corpos que possam prejudicar a sua união espiritual. Distrito Federal, Capital da República dos Estados Unidos do Brasil. Aos dois dias do mês de setembro de 1957. O presente termo é assinado pelo oficiante do casamento, Lúcio Domício Nero Claudius".

Figura 6: Lourival de Freitas acompanhado por dois detetives quando da sua prisão. Revista *O Cruzeiro*, n. 31, 10 de maio de 1958. Foto de Jorge Audi. Autorização de D. A. Press S/A.

O mundo perdeu um grande artista

Era a frase predileta de Lourival, quando se dizia possuído por "Nero". Mostrava-se irreverente, caprichando no palavrão. Estourava por qualquer "dá cá essa palha". Se alguém lhe contrariava ou externava duvidas, o Nero desafiava furioso: "Fica no meio do terreiro que eu vou te derrubar". A coisa surtia efeito. Ninguém se arriscava a desafiá-lo. Nem mesmo os médicos. Era também um show quando se travestia de Messalina. Bailava à moda do velho Oriente, vestido de mulher, com seios de borracha e anquinhas. Messalina quase não falava, apenas sussurrava aos crentes. Observe-se que, muitas vezes, Lourival saia para fazer compras, fingindo-se de Messalina nas lojas. Experimentava roupas e fazia escândalo, não raro criando situações embaraçosas. O fato servia para que a clientela robustecesse a sua fé nos "trabalhos".

Como Petrônio, fazia discursos, que depois Nero glosava, com piadas (algumas realmente boas). A vida de alguém era sempre cantada ao violão do Zé. Lourival improvisava "pés quebrados", revelando segredos que antes descobria habilmente. Uma tática frequente: "Você, rapaz, precisa deixar aquela mulher". Era sisudo, caladão, quando "recebia" o Átila, Rei dos Hunos. Cantava um ponto que agora sabemos ser um pedaço de uma melodia de pastorinhas. Um dos rompantes de brutalidade do Nero ficou-nos na memória. Havia um rapaz, "curado" por Lourival, que sofreu vexames no terreiro. Nero acusou-o de "estar conquistando a mulher do meu cavalo". Saiu da acusação verbal para a agressão física contra Dona Zenóbia, que recebeu do marido violento pontapé. O rapaz, pivô da história, retirou-se cabisbaixo do centro, não mais voltando. Somente agora Dona Zenóbia esclarece o fato. Aquele homem tinha sido contrabandista, como Lourival também. Nero temia que o moço o desmascarasse, daí a necessidade de afastá-lo do seu terreiro. O mais impressionante foi que Dona Zenóbia, em prantos, se viu forçada pelo marido a confirmar ter sido assediada pelo rapaz. Este episódio, como muitos outros, faz parte da vida escusa de Lourival, frequentador do *basfond* carioca, explorador do lenocínio, pois a tanto quis chegar em relação à própria esposa. Vamos virar esta página da biografia do malando. Daremos alguns exemplos da sua arte sutil de iludir a boa fé dos que nele acreditavam. Eis um caso que se passou conosco. Estávamos ao fim de uma sessão, às duas horas de uma madrugada refrigerada. Nero (que chegou a nos prometer viagens em disco voador) inventou de entregar um trabalho a Iemanjá, a divindade marítima da Umbanda. Lá rumamos nós, a seu pedido, para a Praia de

Ramos. Havia movimento, ali, e ele deixou que nós escolhêssemos outra praia. O motorista pensou nas areias de Governador, bem próximas. Partimos naquela direção, até encontrarmos uma praiazinha deserta. Quando Nero riscava pontos na areia, um de nós viu um vulto preto, barbas brancas, foice enorme na mão esquerda. Nero explicou que era Omolu, rei do cemitério. Gelamos. O fantasma era perfeito, deslocando-se, com seus quatro metros de altura, como se deslizasse sobre a terra.

Figura 7: Lourival de Freitas com uma senhora ao colo. Revista *O Cruzeiro*, n. 31, 10 de maio de 1958. Foto de Walter Luiz. Autorização de D. A. Press S/A.

Temos, hoje, a explicação. Chegamos àquela praia pelo processo de eliminação usado em um truque de baralho. Se o motorista sugeriu a Ilha do Governador, estando em Ramos, foi porque o local era próximo. Nero já havia deslocado, para lá, alguns de seus cúmplices. Um deles, com longas pernas de pau, imitou o Omolu. Outros, menores, trajaram-se de índios.

O caso do Senhor Flack revela também um plano habilidoso de mistificação. Flack era um dos crentes (conta-nos o Inspetor Nilo), e quando Lourival viajou para Buenos Aires, onde declarou ir ao encontro do Senhor Adhemar de Barros, Flack ficou no Rio, à espera do outro. Um comparsa de Lourival levou Flack a outro terreiro, onde um falso caboclo fez o homem tremer: "Moleco tu vai ter doença no coração". Era o infarto do miocárdio. Pois quando Lourival voltou, Flack estava no aeroporto. Primeira frase de Nero: "Vamos para a minha tenda. Você precisa ser operado de infarto do miocárdio". Um general (reformado) caiu, como muito outros, no "conto" do Lourival. Levou a filha ao terreiro. Nero sentenciou: "Ela tem câncer no sangue". A moça foi "operada" de repente. A sugestão da "força" de Lourival fê-la sentir-se melhor. O general chorou de emoção. Um mês depois, a moça piorava. Os médicos descobriram que ela possuía uma infecção provocada pelas amidalas. Gentil, lançador da Prefeitura, tinha câncer. Lourival simulou uma cura. Gentil morreu no último Natal, e Lourival apregoava estar ele bom, gordinho, tendo até arranjado um caso amoroso extra. Quando datilografamos este capítulo, dia 01 de maio, Dona Zenóbia, ex-esposa de Lourival de Freitas, prestava depoimento na Policia. Foram 10 horas de respostas que revelam as farsas espetaculares do espertalhão – um dos mais hábeis e perigosos que passaram pelas grades do velho edifício da Rua da Relação.

PAI CRUZEIRO E CRUZEIRO DE ROMA "BAIXARAM" NA TENDA PARA "CRUZAR" ESPÍRITOS E "FECHAR" CORPOS

Reportagem de J.H.D.
Folha da Tarde, 26 de outubro de 1959

Pai Cruzeiro e Cruzeiro de Roma descem à terra uma vez por ano. Desceram domingo em Ribeirão Pires e desceram cantando:

Encruza, encruza
Ora vamos encruzar com fé
O cruzeiro é das almas
E o terreiro é da Guiné

Os dois guias de luz da Umbanda baixaram no terreiro quando invocados pelo Pai de Santo Adelino que, à guisa de explicação para os 35 fiéis que deram inicio à corrente, afirmara: – "Pensamento firme! Quem tiver guias segure-os na mão! Pensamento em casa porque o trabalho é muito rápido e muito forte. Hoje é sessão de cruzamento e não se atende a consultas!"

Enquanto cantavam os pontos, tomados pelos dois guias, Adelino e Rodolfo, os dois Pais de Santo que serviam de "aparelho" para os espíritos abençoavam os fiéis com passes e marcavam com as mãos dos crentes com uma cruz traçada com giz branco. E depois dos passes, os Pais de Santo, manquitolando, diziam em uma voz enrouquecida, à maneira de um autentico Preto Velho: "Tá tudo cruzado tuda a caburecada. Tá tudo cruzado e recruzado. Que Nosso Sinhô Jesus Cristo abençoe vassunceis. Que nunca falte na casa de vassunceis o pão de cada dia".

E levas de fiéis da religião afro-brasileira, mais de um milhar, passaram pela sala da Tenda de Umbanda do Irmão Benedito (na Vila Grande, em Ribeirão Pires), toda ornamentada com flores, com os defumadores exalando uma fumaça meio enjoativa e com as imagens de São Benedito, de Santa Luzia e de São Cosme e São Damião festivamente enfeitadas.

Quando baixa um Exu

Em uma sessão de Quimbanda, em que são invocados somente espíritos malignos, acontecimentos tenebrosos, que somente podem ser presenciados por crentes já acostumados com coisas sobrenaturais, podem acontecer. Mas, em uma sessão de Umbanda, de "linha branca", onde não se usam nem pólvora, nem bebidas alcoólicas e nem velas pretas ou de cores berrantes, nunca se pode esperar a presença de um Exu, um espírito do mal, que só pode atrapalhar a corrente.

Mas na sessão festiva de domingo os Exus deram o ar de sua presença indesejável. Tomaram os corpos, encostaram em fiéis e perturbaram de modo geral os trabalhos. Mas, Pai Cruzeiro e Cruzeiro de Roma, após algum esforço de seus respectivos aparelhos, conseguiram expulsar os indesejáveis. Um dos Exus deu tanto trabalho que Rodolfo Pereira, o presidente da Tenda, teve de queimar pólvora para efetuar a descarga do corpo.

Muitos fiéis que vieram para agradecer benefícios foram solicitar passes. Da Bahia e do Rio de Janeiro, terras conhecidas por seus Pais de Santo famosos, do Paraná e do Rio Grande do Sul e até de Pernambuco veio gente para "cruzar" o corpo. E depois de haverem recebido passes por tempo que dificilmente ia além de um minuto saiam com o espírito "cruzado" e o "corpo fechado contra inveja, mau olhado e até mesmo contra certas armas brancas.

E terminados os trabalhos saiam, despedindo-se com um "saravá meu pai".

CABOCLO TUPINAMBÁ FEZ CASAMENTO DO PRESIDENTE DA FEDERAÇÃO DE UMBANDA

Diário de São Paulo, 09 de janeiro de 1961

Dá licença meu pai
Para em seu terreiro eu entrar
Dá licença meu pai
Para em seu terreiro eu saravá

Cantando esse ponto, os representantes da Tenda Ogum Maley entraram na sede da Federação Umbandista do Estado de São Paulo, onde se realizou a cerimônia litúrgica do enlace matrimonial do presidente daquela entidade, Senhor Alfredo Costa Moura, que contraiu núpcias com a Senhorita Leonice Costa Moura.

A cerimônia foi dirigida pelo Caboclo Tupinambá, e contou com a participação de dezenove guias espirituais, da Capital e do Interior.

Enquanto o ritual se desenvolvia no interior do prédio, as ruas adjacentes apresentavam-se tomadas pelos filhos de Umbanda das diferentes tendas ali representadas, os quais se vestiam tipicamente e entoavam canções próprias de cada terreiro.

Benção e consagração

Após a benção das alianças e o juramento prestado pelos nubentes, o Caboclo Tupinambá ordenou que o guia espiritual da Tenda Ogum de Maley arriasse no local para proceder à consagração da cerimônia.

Novamente, entraram em ação os filhos de santo, que cantaram o ponto correspondente à chamada:

Ele vem, vem da Aruanda
Ele vem com missão de saravá

A sua missão é muito grande
Praticar a caridade no seu jacutá

Saravá Mamãe Oxum
Saravá Pai Oxalá
Saravá Tamandaré
É um grande guia no seu congá

Não houve necessidade de uma terceira chamada, pois Ogum Maley arriou no recinto, antes de terminada a segunda chamada e recebendo ordem do Caboclo assumir o controle da cerimônia. Assim é que, minutos depois, a cerimônia de consagração chegava ao seu final, com os noivos unidos, segundo os rituais umbandistas.

Presentes

Os integrantes das seguintes tendas de Umbanda encontravam-se presentes àquela solenidade: Pai Tupinambá, Pai Iaxambike, Irmã Jurema, Ogum Marinho, Pai Bartolomeu, Pai Viramundo, Pai Curuçá, Imaculada Conceição, Pai José Jacob, Pai Bernardino, Ogum Maley, Jesus-Maria-José (Marilia), Pai Tomé de Alcântara, Nossa Senhora das Dores, Caboclo das Sete Cachoeiras, Pai João de Angola, Cacique Turucum (Barueri), Caboclo Tupy e Pai Cachoeirinha.

Após a cerimônia litúrgica, as pessoas presentes participaram da recepção oferecida pelos noivos na própria sede da Federação Umbandista do Estado de São Paulo.

Figura 8: Cortejo durante o casamento de Alfredo Costa Moura. *Diário de São Paulo*, 9 de janeiro de 1961.

A UMBANDA NO URUGUAI

O Dia, 25 de agosto de 1963

É com prazer que noticiamos a existência, em Montevidéu, República do Uruguai, da Associacion Umbanda Esotérica Ogum Beira Mar, situada à Rua Juan D. Jackson, número 1329.

Agradecemos a carta do professor Al Shampa, diretor do Departamento de Investigações Astrológicas daquela Associação. A carta evidencia que o livro ***Guia e ritual para organização de Terreiro de Umbanda***, de Byron Tôrres de Freitas e Tancredo da Silva Pinto, já chegou àquela república da América do Sul.

A Festa de Iemanjá, todo dia 2 de fevereiro, é uma das mais populares do Uruguai, atraindo para a costa do país de 300 mil a um milhão de pessoas.

Segundo estudos do professor Hugarte (2009), existem aproximadamente 200 terreiros em Montevidéu. A capital uruguaia inclusive ostenta uma estátua de Iemanjá na Praia Ramírez, o centro dos festejos de fevereiro.

Também na Argentina a Umbanda se estabeleceu. Em 2000 já existiam cerca de mil terreiros em Buenos Aires. Os dados foram apurados pelo antropólogo gaúcho Ari Pedro Oro, que escreveu o livro ***Axé Mercosul*** (1999, editora Vozes). As práticas religiosas africanas na Argentina estão associa-

Figura 9: Fiéis levam oferenda para Iemanjá. Praia Ramyres em Montevidéu. *http://www.viveruruguay.com.*

Figura 10: Festa de Iemanjá. Praia Ramyres em Montevidéu. *http://www.viveruruguay.com.*

das às influências gaúcha e uruguaia.

Segundo o autor os nomes dos líderes religiosos já contem um grande sincretismo. Exemplos: Hugo Watemberger de Iemanjá, Alfredo Echegaray de Ogum, Juan Aguirre de Oxum e Peggy de Iemanjá.

Os primeiros templos de religião africana a se instalar na Argentina foram os de Nélida (Baños) de Oxum, em 1966, e Elio (Machado) de Iemanjá, dois anos depois. Os dois templos foram registrados no Registro Nacional de Cultos em 1970. Começaram pela Umbanda e, em 1973, adotaram o "africanismo" (batuque). Nélida e Elio são considerados precursores. Em 1979, segundo o antropólogo argentino Alejandro Frigerio, Elio de Iemanjá fundou a Confederação Espírita Umbandista.

Figura 11: Símbolo da ASRAU (Agrupación Social y Cultural Africanista y Umbandista) – Argentina. *http://asrau.blogdiario.com.*

SÃO PAULO TAMBÉM ACENDE VELAS PARA IEMANJÁ

Reportagem de Manoel Motta
O Cruzeiro, n. 15, 07 de janeiro de 1967
Autorização de D. A. Press S/A

Três horas da manhã, do dia 08 de dezembro. A Praia Grande apinhada; velas, em roda, bruxuleiam, fincadas na areia. A gente se reparte, ao longo da praia, em mais de 300 grupos, cada qual segundo a sua tenda – só de longe vieram cerca de 500 ônibus lotados. Porque é dia de festa de Iemanjá. Desde a madrugada da véspera, era intenso o movimento nas tendas de Pai Joaquim de Angola, Aldeia de Ogum Rompe Mato, Bom Jesus de Nazareno, Guiné Preto, Pai João de Minas, Caboclo Sete Flechas, Cacique de Guia Valente, Abasse Rompe Mato, Cavalo das Almas, Caboclo Folha Seca, as mais procuradas. Diferentes ritos, preparando a festa da Mãe D'Água e saudando os Orixás do dia (quarta feira), Xangô e Iansã, até a noitinha. Dia seguinte, a festa maior, na Praia Grande. O batuque dos atabaques percute sobre a areia, fazendo contraponto com a musica das ondas, chamando Iemanjá, mãe de todos os Orixás.

Oxalá e Ogum, os Orixás de quinta feira, também são lembrados. Um adarrum prolongado clama pela Rainha do Mar. Um Preto Velho, com um colar de contas na mão, grita a

Figura 12: Médiuns acendendo velas para Iemanjá. *O Cruzeiro*, n. 15, 7 de janeiro de 1967. Autorização de D. A. Press S/A.

Figura 13: Preparativos para os trabalhos. *O Cruzeiro*, n. 15, 7 de janeiro de 1967. Autorização de D. A. Press S/A

saudação "Odoiá". O grito acorda a Praia Grande. E entre as rodas de velas, pretos e brancos, de várias idades e diversas classes, soltam gritos e palmas. Recomeça o batuque. Canto e dança.

No culto sincrético da Umbanda, Iemanjá confunde-se com Nossa Senhora da Conceição (8 de dezembro) coincide com o dia do santo católico consagrado à sua correspondente na Igreja. Dadas as suas características, é também uma réplica à Vênus Afrodite da mitologia grega. No calendário umbandista, é sábado o seu dia, juntamente com Oxum. Na festa maior, os membros da religião ofertam presentes à Rainha do Mar: sabonetes, flores, perfumes. Se a dádiva é aceita, o barquinho em que estão depositadas submerge, instantes depois; isto significa que os pedidos de proteção, principalmente aos pescadores, serão atendidos.

Foram os escravos africanos que introduziram o culto no Brasil, como, de resto, a todos os Orixás. Ilustre etnólogo afirma que prevaleceram os ritos da Nação Nagô. A sede principal da crença é a Bahia, uma espécie de Vaticano do credo afro-brasileiro. Mas a sua difusão alcança todo o território nacional, inclusive o litoral paulista.

TERREIROS DA PARAÌBA FAZEM INSCRIÇÃO PARA AMOSTRA DE RITUAIS DE UMBANDA

Diário de Pernambuco, 08 de agosto de 1968

João Pessoa (Sucursal) – O Senhor Carlos Leal Rodrigues, presidente da Federação dos Cultos Africanos da Paraíba, entregou ontem ao Departamento de Folclore da Sociedade Cultural de João Pessoa a relação de terreiros até agora inscritos para a I Mostra Paraibana de Rituais de Umbanda a ser realizada como promoção daquelas entidades entre os dias nove e quinze de setembro no Teatro Santa Roza.

Segundo os promotores da Mostra, a Paraíba é o segundo Estado nordestino a contar com um empreendimento de tal envergadura, tendo sido Pernambuco o pioneiro a realizar, há anos atrás, o I Festival de Xangô, contando com o apoio dos círculos umbandistas locais, além de pesquisadores e folcloristas de diversas regiões do Brasil.

Inscrições

De João Pessoa pediram inscrição na Mostra de Umbanda os seguintes terreiros: Nossa Senhora da Conceição, Ogum Taperonam, Mãe Iemanjá, Rainha do Mar, São Jerônimo, Santa Bárbara, São Jorge, Caboclo Guaraci, Caboclo Arruda e Xangô Kaô. Também pediram inscrição terreiros de Campina Grande, Santa Rita, Cabedelo e Itabaiana.

A Sociedade Cultural de João Pessoa e a Federação dos Cultos Africanos da Paraíba distribuíram aos terreiros inscritos cópias do regulamento do conclave. Todos os preparativos já estão sendo providenciados.

A VASSOURINHA DE EXU

Átila Nunes Filho

Jornal de Serviço, 10 de janeiro de 1970

No culto da Umbanda, ou mais precisamente, no culto do Omolokô, as roupas de santo não são lavadas com sabão, e sim, com a "vassourinha de Exu". Segundo a crença, a "vassourinha de Exu" serve também para tirar o mau olhado, quebranto etc.

Figura 14: Desenho na abertura da matéria. *Jornal de Serviço*, 10 de janeiro de 1970.

Erva estranha, porém de grande utilidade, às vezes é encontrada bem viçosa, tendo épocas, entretanto, que se torna murcha. Quando viçosa, muitas pessoas a utilizam para lavar a cabeça, pois dá vigor aos cabelos. Quando murcha, todavia, produz a calvície.

A "vassourinha de Exu" faz uma espuma semelhante à do sabão, limpando bastante a roupa. Sua fruta minúscula é amarela, podendo ser ingerida com tranquilidade.

Dia a dia, vemos que a flora brasileira tem ervas de grande poder de cura. É fabulosa a relação das ervas que realmente produzem efeitos benéficos nos seres humanos. Quando os Pretos Velhos e Caboclos receitam suas ervas, estão apenas utilizando seu conhecimento e sua experiência adquiridos quando encarnados.

Quantos casos presenciamos, quando a erva cura no lugar do remédio de laboratório! E este milagre, não é nada mais do que a força miraculosa das ervas de nossa flora, a mais privilegiada de todo o mundo.

Diz o ditado popular que Deus é brasileiro. Apesar de saber que nosso Pai não tem nacionalidade, de uma coisa estou certo: O Brasil é uma nação abençoada por Ele. O Amazonas está aí, e ainda não foi explorado no que tem de mais rico: a sua flora medicinal.

POMBAGIRA – A TEMÍVEL MULHER DE EXU

Texto de Lena Frias
O Cruzeiro, n. 30, 28 de julho de 1971
Autorização de D. A. Press S/A

Seja qual for o seu nome, ou a sua linha, Pombagira é sempre a mais pura expressão de mulher. Dona Sandra, ou Pombagira Cigana, faz os seus trabalhos em Niterói, Estado do Rio. Vaidosa, sempre muito pintada, sorriso constante, ela atende a qualquer um que precisa dos auxílios e da "segurança" da Pombagira nos difíceis problemas do amor.

Pombagira tem muitas faces, muitos nomes. Mas quer dizer uma coisa só: licença para o extravasamento de todas as forças amorosas femininas que estão reprimidas. Quando a Pombagira baixa, atenuam-se os complexos de inferioridade. Sob o seu signo, toda mulher é mulher e todo homem é homem. Atingindo o centro das relações homem-mulher, ela cresce como símbolo e firma-se como mito, sempre e cada vez mais solicitada.

Exatamente por tratar o homem e a mulher como macho e fêmea, a Pombagira é considerada Exu, espírito do mal. Pertence, assim, à primeira hierarquia do inferno, integrando, com o título de ministro, o gabinete de Lúcifer. Sua primeira função é reger o instinto sexual, respondendo pela sobrevivência e perpetuação da espécie. Compreendida deste último modo, torna-se difícil interpretar a Pombagira como agente do mal. Acrescente-se que ela é sempre uma bela e forte manifestação de mulher. Sua presença é sinal aberto à aproximação da sua virilidade.

A serpente era Pombagira

Um dia, por seus encantos infernais, ela seduziu o porteiro do Céu. Penetrou nos domínios divinos, que eram reservados à pura elite de anjos e arcanjos.

Eis que se revelou a Eva o gosto da maçã.

Já a simples presença da serpente provocou no paraíso efeitos estonteantes: um cheiro forte de vida atravessou o Jardim das Delícias, impregnando o ar.

Eva era puro espanto, em face da sabedoria da serpente que a iniciou na descoberta de si mesma como primeira fêmea e mãe da espécie humana. Então, ela enriqueceu os encantos de Eva: acentuou-lhe os perfumes, enfeitou os seus cabelos com flores, e fez surgir nos olhos da primeira mulher o fogo que precipitou muitas falanges de anjos ao abismo da Terra. Deu-lhe linhas mais belas ao corpo e graça aos movimentos. Tomou forma em Eva.

Foi em seguida procurar Adão. De assombrado passou a resoluto o primeiro homem: entre o Paraíso e a mulher recém-anunciada, ficou com a mulher. Mesmo que precisasse ganhar o pão com o suor do seu rosto.

E Eva ofereceu ao companheiro a maçã para morder.

O seu forte é no amor

Por tudo isso, não há, na Umbanda, Quimbanda, Candomblé, Jêje-Nagô ou Omolokô, entidade tão temida quanto a Pombagira. Os demais Exus, segundo a crença, podem tirar todas as riquezas e bens de uma pessoa, provocar doenças e até a morte. Os Orixás, por sua vez, são capazes de atormentar uma criatura até o desespero. Mas a Pombagira domina aquilo que o homem mais preza: sua virilidade. Seus castigos, como os seus prêmios, são dirigidos ao sexo.

Embora interfira em qualquer assunto quando solicitada, a Pombagira é mais forte em matéria de amor. Para os que acreditam na sua força, tão depressa ela faz quanto desfaz machos. Tão rápido acende quanto apaga as mulheres que a procuram. Tudo depende do cumprimento das promessas que lhe são feitas, ou dos agrados a presentes que lhe são oferecidos, além da simpatia que o consulente nela desperta.

Tanto na linha do bem (Umbanda), como na linha do mal (Quimbanda), a Pombagira faz qualquer negócio, sempre dá um jeito, garantindo sua presença invisível nos momentos decisivos. Munido dessa "segurança" – que pode estar materialmente representada por um amuleto – o cliente não se sentirá sozinho.

Dona Sandra

Fica no começo da Rodovia Amaral Peixoto, no bairro do Caramujó, em Niterói. É uma grande casa, onde toda as quartas e sextas se acotovelam dezenas de clientes: políticos, artistas, estrelinhas de televisão e cinema, donas de casa, pais de família e meninas ainda de uniforme escolar. Dona Sandra, a Pombagira Cigana, Rainha das Sete Encruzilhadas, recebe a todos com excessivo carinho. O seu terreiro, o Centro Espiritualista-Umbandista de Pai Anastácio, está sempre aberto para os que precisam do auxilio da Pombagira. Muito pintada, unhas longas e vermelhas, sorriso sensual, Dona Sandra atende os mais variados pedidos em sua mesa de trabalho. Uma garrafa de champanhe, perfumes, muitas rosas e uma toalha vermelha enfeitam o móvel. Dona Sandra é Pombagira Cigana, uma entidade entre as muitas existentes. Cada qual tem seu nome e sua história: Pombagira Cigana; Pombagira Arrepiada; Rosa Caveira, nome sinistro de uma entidade de belíssima expressão sensual; Maria Padilha e outras mais.

Não gosta de mulheres

Pombagira ou Asmodeus – conforme a intitulam no *Malleus Maleficarum*, tratado de bruxaria editado em 1486 –, não gosta de mulheres. Simpatiza com algumas, com quem se identifica, mas, em geral, prefere lidar com homens, aos quais prodigaliza favores. Acha as mulheres desagradáveis e hesitantes. Pombagira, no entanto, é vaidosa: não permite que outras desviem a atenção dos que vão procurá-la.

Nem por isso deixa de atender às mulheres. E são muitas as que a solicitam: colegiais, donas de casa, meninas achadas e perdidas. Mas se alguém procura Exu Pombagira e lhe promete algo pela solução de um caso qualquer, deve pagar imediatamente a promessa feita, tão logo o problema seja resolvido. Caso contrário – advertem os "cavalos" (pessoas que recebem entidades) e os entendidos da matéria – Pombagira toma o que deu e nunca mais restitui.

Estamos todos no mundo, conta uma lenda, por obra de Exu Pombagira. Um dia, ela sugeriu a Zambi-Opongô e a Zambira-Iapongá que fossem criados homens e mulheres. Ela observou que não poderia levar os pecados da carne criaturas que não possuíam corpo. Zambi e Zambira, que reinavam sobre o caos, viram razão no argumento. E assim se fez o homem e a mulher. O resto ficou por conta da serpente.

Pombagira não falha

A hora dos Exus é a meia noite. O dia, sexta feira. Eles se corporificam, todavia, em qualquer ocasião. O lugar dos Exus é no cemitério (calunga), nas ruas e, em especial, nas encruzilhadas em forma de T.

Figura 15: Dona Sandra incorporada com a Pombagira Cigana na roda de fogo. Revista *O Cruzeiro*, n. 30, 28 de julho de 1971. Foto de Hélio Passos. Autorização D. A. Press S/A.

Figura 16: Dona Sandra acendendo velas para Pombagira Cigana. Revista *O Cruzeiro*, n. 30, 28 de julho de 1971. Foto de Hélio Passos. Autorização D. A. Press S/A.

JOÃZINHO DA GOMÉIA – O CANDOMBLÉ PERDE O REI

Texto de Francisco Vargas
O Cruzeiro, n. 13, 31 de março de 1971
Autorização de D. A. Press S/A

Duas mulheres ajoelham-se chorando quando as quatro mil pessoas passam soltando gritos e rezando a caminho do cemitério de Duque de Caxias. Quase seis quilômetros de caminhada, vestidos de branco, colores no pescoço, como se estivessem prontos para uma cerimônia no terreiro. Homens chorando, mulheres desmaiando na rua sem calçamento, crianças sérias sem saber por quê. No meio, o caixão de João Alves Torres Filho, Joãozinho da Goméia, pai de 4777 filhos de santo e formador de 18 ministros. O mais famoso babalorixá do Candomblé. É domingo, 21 de março, e são 17 horas e 15 minutos. O sol esteve forte até às 16 horas. Agora, o Céu se cobre de nuvens escuras que escaparam à previsão meteorológica.

Joãozinho chegara em Caxias em 1948, com 34 anos, instalando em seguida um terreiro na Rua Castro Alves. Com o prestígio que conseguira na Bahia, de onde viera, logo conquistou uma multidão de adeptos do Centro de Candomblé. Na Bahia, fora coroinha, até que uma doença de cura difícil levou-o aos terreiros. Aos 16 anos tornou-se filho de santo de Jubiabá (Severiano Manoel de Abreu), seu primeiro guia.

Instalado em Caxias, juntou-se ao nome de Joãozinho o da Goméia, porque seu centro na Bahia ficava na Rua da Goméia. E suas reuniões para consultas eram frequentadas por senadores, governadores e muita gente influente. Já começava a ser chamado Rei do Candomblé quando decidiu ampliar seu trabalho e construiu uma sede na Rua General Rondon, onde, nos últimos tempos, recebia mais de cinco mil clientes por mês.

À frente do cortejo, um negro leva uma bandeira branca, enquanto ao seu lado outro negro empunha o turíbulo de incenso. Vestido de branco, com uma fita vermelha ao pescoço, ele murmura uma oração. As lágrimas escorrem-lhe pela barba crescida. As mulheres continuam caindo pela rua e são encostadas às paredes para não atrasarem o cortejo. À medida que se aproxima do cemitério, a multidão se torna impaciente e se comprime em torno do caixão. Mulheres se contorcem na poeira da rua, xingando seus santos aos gritos:

– Meu pai, meu pai. Por que nos deixaste?

Em 1956, Joãozinho movimentou a imprensa de todo o país, quando três mil e oitocentas tendas de Umbanda do Rio de Janeiro o atacaram por ter desfilado no baile carnavalesco do João Caetano travestido de Arlete (vedeta na época).

– Joãozinho comportou-se mal. Não se compreende que um babalorixá ultraje a missão. Uma coisa é brincar o carnaval, e outra é exibir-se aos fotógrafos, requebrando nos salões entre serpentinas e risos esquivos.

Mas Joãozinho não se perturbou com as críticas do porta voz dos terreiros dos candomblés. Ele não estava só, muitas sedes bateram os atabaques em sua defesa. E dizia:

– Sempre brinquei o carnaval e vou continuar brincando. Ora, o que há de mais em a gente se fantasiar de mulher? Serei eu, por acaso, o primeiro Adão, com vestido da costela, que apareceu no Rio?

Depois de investigarem toda a vida de Joãozinho, e proporem sua expulsão do Candomblé, resolveram julgar o que chamaram de "a triste exibição", com a participação dos Orixás da Umbanda, através da cerimônia do jogo de búzios. Apenas sete pessoas graduadas presenciaram o ritual, que se realizou à noite no chão batido de um terreiro. Sacudiram os 21 búzios e os jogaram na terra. Da posição de cada um, em relação às letras e números dispostos no chão, veio a resposta dos jurados. Joaõzinho estava absolvido, devendo ser apenas advertido para que não repetisse o que fizera naquele carnaval.

Sem a roupa e o turbante que usava nas cerimônias, Joãozinho era um homem delicado nos gestos e de fala mansa. Gostava muito de contar anedotas picantes, mas não usava palavrões. Não gostava de futebol e foi ao cinema pela última vez em 1940. Casado em 1945, desquitou-se em seguida, e não tinha filhos. Entre seus amigos mais conhecidos estavam Getúlio Vargas e Juscelino Kubitschek.

Na porta do cemitério as pessoas quase se esmagavam para entrar. O negro barbado passou o turíbulo para o rapaz que o acompanhava e não quis passar do portão. Outra multidão, de cima das lápides e sepulturas, aguarda a passagem do corpo. Escurece rapidamente e os relâmpagos se sucedem. O cortejo avança aos tropeços. Fotógrafos queixam-se da falta de luz, ao mesmo tempo em que duas crianças são pisoteadas no canto de um jazigo. Um numero cada vez maior de mulheres se incorpora aos seus santos e sai girando pelo caminho irregular. O coro das rezas aumenta. O padre que se unira à multidão, na entrada do cemitério, desapareceu de repente quando sentiu os primeiros esbarrões.

Joãozinho era profundamente católico e insistia, sempre, em explicar que o Candomblé não impunha normas de conduta ou qualquer tipo de moral aos seus adeptos, "como qualquer outra religião". Dizia que sua seita cuidava apenas das "obrigações para com os Orixás e outras divindades que surgiram há quatro mil anos, quando Deus já existia". Segundo ele, o Candomblé não queria saber das coisas do mundo. Isso é com Deus. Só ele pode ajeitar a humanidade.

No dia 27, Joãozinho completaria 57 anos, o que seria comemorado com grandes festas no seu terreiro. No inicio de fevereiro, ele foi para São Paulo fazer uma obrigação para uma filha de santo. Logo após o trabalho, sofreu uma síncope quando se encontrava em uma festa em homenagem à diretoria de um terreiro. Levado em estado grave para o Pronto Socorro do Hospital das Clinicas, acabou sendo internado na Beneficência Portuguesa, por falta de vagas no HC. Três dias depois foi transferido para o Setor de Cardiologia e, nas poucas vezes que recuperou a consciência, dizia apenas:

– Se eu morrer quero que todos os meus pais de santo continuem minha obra, pela qual sempre tive muito amor e respeito. O Candomblé do Brasil deve ser reconhecido com seriedade por todo o mundo.

Na véspera de sua morte, quinta feira, teve alguns instantes de consciência e foi informado de que, além da aneuríase cardíaca, haviam localizado um tumor cerebral, de difícil acesso, na região frontal. Consultado sobre a operação, concordou, e disse que era seu desejo que "se cumprisse a vontade de Deus".

Logo depois que o Hospital das Clínicas confirmou a morte, pais de santo em desespero diziam que "isso não podia ter acontecido ao Joãozinho. Ele era quem entendia mais de Candomblé no Brasil. Agora parece que as coisas perdem o sentido".

Seu corpo foi transportado de automóvel para Duque de

Caxias e velado no seu terreiro em meio às lágrimas e desmaios de seus milhares. Vó Maria, mãe de Joãozinho, só viu o corpo do filho em São Paulo, onde após profunda crise nervosa, ficou sob cuidados médicos. Em Caxias, no terreiro, as filhas de santo soltavam gritos entremeados de frases como "meu pai, meu pai, leva-me contigo".

Figura 17: Funeral do Babalorixá Joãozinho da Goméia. Revista *O Cruzeiro*, n. 13, 31 de março de 1971. Foto: José Carlos Vieira. Autorização D. A. Press S/A.

São 17 horas e 45 minutos. O caixão chegou à beira do túmulo, coberto com um pano verde. No momento em que cobrem o vidro da urna com a tampa de madeira, começa a chover, e a multidão, olhando para cima, grita e aplaude. Em poucos minutos, o tempo alaga tudo e a água escorre forte entre as sepulturas. Dezenas de mulheres se contorcem no meio da lama e os homens, aos soluços, entoam um cântico de despedida. Flores são jogadas para dentro do túmulo à medida que o caixão desce.

Figura 18: Vó Maria, mãe de Joãozinho, em crise de choro durante o cortejo. Revista *O Cruzeiro*, n. 13, 31 de março de 1971. Foto: Izaias Monteiro. Autorização D. A. Press S/A.

Repentinamente é noite e a cidade inteira está alagada. Toda aquela gente vai deixando o cemitério enquanto a chuva diminui. A sepultura ficou cheia de flores e não deu para colocar a tampa.

Na rua, caminhando com águas pelos tornozelos, o babalorixá Paulo de Oxóssi explica:

– Quem o sucederá?

Ninguém sabe. Somente depois das sete noites do axexé, quando o espírito dele estiver livre, os sete Orixás responderão no jogo de búzios na terra batida.

LILIA RIBEIRO E A MENSAGEM DE ZÉLIO DE MORAES

Lilia Ribeiro, jornalista e dirigente da TULEF, acompanhou durante alguns anos Zélio de Moraes e realizou dezenas de entrevistas com ele, com o Caboclo das Sete Encruzilhadas e Pai Antônio. Em janeiro de 1973, ela realizou uma entrevista com Zélio em Boca do Mato. Ela assim se manifestou:

Estivemos com Zélio de Moraes, no sítio de Boca do Mato, às vésperas da data consagrada à Oxóssi. Ouvimos, de Zélio, a descrição do que foi a grande concentração promovida pela Federação Umbandista do Grande ABC, em Santo André, Estado de São Paulo, presidida por Ronaldo Linares, em homenagem à Zélio. Assim como a Aliança Umbandista do Estado da Guanabara – A.L.U.E.G. – que tem o Caboclo das Sete Encruzilhadas como seu Patrono. Aquela federação visa uniformizar o culto dos templos umbandistas, excluindo gradativamente do ritual, preceitos já superados, visando atingir, na prática, o conceito definido pelo Caboclo: "Umbanda é a manifestação do Espírito para a Caridade".

Ao término da nossa palestra, Zélio de Moraes escreveu, de próprio punho, esta mensagem para "SELEÇÕES DE UMBANDA".

"Meus queridos irmãos: satisfeito com o que vocês estão fazendo, a divulgação da nossa Umbanda, desejando muita saúde e paz a todos vocês, que este ano que começa seja muito bom para vocês, pois grandes coisas vão ser feitas para que todos possam dizer que Deus existe, e que vocês possam livrar-se do que acontecer, pela fé que encontro e a humildade tão necessária a nossa Umbanda, como diz este pequeno espírito, este humilde Caboclo das Sete Encruzilhadas".

A NOITE EM QUE IEMANJÁ CASOU

O Cruzeiro, n. 35, 29 de agosto de 1973
Autorização de D. A. Press S/A

Umbandistas de todo país foram a Santos assistir ao casamento de Solange-Iemanjá, na Praia do Gonzaga.

Nem mesmo um casamento unindo dois filhos das mais nobres famílias europeias conseguirá levar a um palácio tantas pessoas como o de Solange e Alexandre levaram à Praia do Gonzaga, em Santos. Ela, por cinco anos, foi a rainha de todas as cerimônias umbandistas no litoral paulista. Por fim, Solange deixou de receber Iemanjá em seu trono, partindo com Alexandre para as tarefas do lar. Para saudar essa união, mais de 30 tendas de São Paulo, Rio, Belo Horizonte, Ribeirão Preto, Taubaté, Mogi Mirim e outras cidades tocaram em uníssono seus atabaques. E quase 40 mil pessoas entoaram hinos e cânticos na noite do casamento, a IX Noite de Iemanjá, de Santos.

Figura 19: A benção da Preta Velha Vovó Sabina incorporada em Graciana. Revista *O Cruzeiro*, n. 35, 29 de agosto de 1973. Foto: Eduardo Riberto. Autorização D. A. Press S/A.

A presença desse grande número de convidados foi justificada por uma festa bonita. Desde o anoitecer a musica tomava conta de uma grande parte da Praia do Gonzaga. Tendas pobres e ricas mesclavam-se na areia, em mais de 10 mil metros quadrados, totalmente iluminados.

Os convidados apresentaram-se com trajes típicos, alguns ricamente estilizados, mostrando pertencerem a uma próspera ou uma pequena tenda. Mas todos foram recepcionados, com a mesma atenção, pela anfitriã da noite, a Mãe de Santo Graciana Miguel Fernandes, a oficiante também da cerimônia, incorporada pela Preta Velha Vovó Sabina.

No altar, Oxalá presente

Figura 20: Casal Solange e Alexandre durante o casamento. Revista *O Cruzeiro*, n. 35, 29 de agosto de 1973. Foto: Eduardo Riberto.

Rosa Maria da Purificação, uma preta velha de 128 anos de idade, veio de Feira de Santana, na Bahia, prestigiar e abençoar o casamento de Solange. Ela sentou-se à direita do altar, guardado por Oxalá. À esquerda, sentou-se o preto velho Oruobá, o Pai de Santo José Roberto Almeida. Enquanto ela abençoava convidados e filhos das tendas presentes, entraram na praia os carros alegóricos. No primeiro, Eliana Maria Antunes, de 17 anos, a nova Iemanjá de Santos e já incorporada pela Rainha do Mar. Logo atrás, veio o carro de Exu. Uma oração foi feita por Graciana.

Oxalá continuou presente sobre o altar. Vovó Sabina, incorporada em Graciana, iniciou o ritual do casamento. Só com muita atenção os padrinhos conseguiram acompanhar as palavras da Mãe de Santo. O seu rosto contraído revelava um leve sorriso de satisfação por unir duas pessoas de seu centro, o Pai João da Caridade.

Os noivos seguravam taças contendo vinho. Vovó Sabina continuou, com suas palavras, abençoando e exigindo fidelidade de ambas as partes. As alianças foram lançadas dentro das taças. Depois, retiradas, e o liquido derramado nas mãos entrelaçadas dos noivos. Na taça, já não havia o vinho, mas o champanhe para comemorar a união consumada. Os noivos beberam. E os cumprimentos tiveram inicio.

O transe de Iemanjá

Eliana Maria Antunes, quando chegou, por volta de

21h30min, à praia, já estava incorporada por Iemanjá. E assim ficou até às 24 horas, quando entrou no mar. Depois que a santa deixou seu corpo é que pode cumprimentar os noivos e comer um pedaço do bolo. Durante todo esse tempo, o povo não deixou a praia. O resto da noite foi dividido entre adorar a beleza de Iemanjá e os trabalhos que se desenvolviam em cada um dos terreiros improvisados pelas tendas na areia. E quem quisesse podia tomar um passe com os guias mais famosos, desde Vovó Sabina até o Caboclo Arranca Toco. Os atabaques silenciaram quando o sol já estava surgindo. Solange e Alexandre foram o motivo desta festa que durou quase 12 horas, a maior reunião umbandista que Santos já viu.

Figura 21: Preta Velha Rosa Maria da Purificação (128 anos) que veio da Bahia para o casamento. Revista *O Cruzeiro*, n. 35, 29 de agosto de 1973. Foto: Eduardo Riberto. Autorização D. A. Press S/A.

JAÚ – O CRAQUE QUE VIROU PAI DE SANTO

Texto de Ronaldo Kotscho
O Cruzeiro, **n. 22, 30 de Agosto de 1980**
Autorização de D. A. Press S/A

Ele nasceu em dezembro de 1909 (é de sagitário, no duro). Nasceu em uma casa humilde, sendo filho de José e Maria. Seu pai José era carpinteiro. Mas ele não se chama Jesus Cristo. Se chama Euclides Barbosa. Apelido Jaú. Idolatrado, injustiçado, humilhado. Euclides Barbosa já viveu momentos gloriosos no Parque São Jorge. Ele formava em uma famosa linha média do timaço do Corinthians de alguns anos atrás. Quando deixou o time depois de muitas campanhas memoráveis e se dedicou a profissão de Pai de Santo, foi acusado de tudo, inclusive de ter enterrado um sapo no Parque São Jorge para que o Corinthians não ganhasse mais nenhum campeonato.

A história foi copiada, naturalmente, da que se contava de Arumbinha, que teria enterrado um sapo em São Januário para que o Vaso passasse sem ganhar campeonatos o número de anos correspondente ao número de gols que fez em uma partida contra o Andaraí, tirando-o da Federação: 11 anos. O que o Vasco penou não foi brincadeira. Curtiu os 11 anos. Até que, quando da reforma de São Januário, desenterraram o sapo. Mas vamos à história de Jaú. Ele nunca pode se defender das acusações. Nem mesmo recentemente, em 1977 e 1979, quando o Corinthians foi campeão, Jaú foi procurado. Ele afirma: "Eu não iria usar um dom que Deus me deu contra o Corinthians. O time não foi campeão muito antes por causa da política que empestava o clube".

Euclides Barbosa não é ninguém para o torcedor comum. Mas Jaú é um apelido conhecido de todos os corintianos e de 40 anos. Mas Euclides hoje é muito conhecido como o Pai Jaú – uma das mais tradicionais figuras do umbandismo paulista e nacional. Foi por causa de sua ligação com a Umbanda que nasceu a história do sapo enterrado no Parque São Jorge. Jaú conta a primeira decepção que teve com o Corinthians. Um dia o jornalista Tomás Mazzoni viu o pedreiro Euclides (que ajudou a construir o Martinelli, o primeiro arranha-céu de São Paulo) jogando no Paulista, um time da várzea, de Guarulhos. Gostou tanto do atleta que lhe deu uma carta de apresentação para a direção do Corinthians.

– Foi o começo do meu martírio. Cheguei no Parque São Jorge em uma terça feira do mês de novembro de 1932. O Antoninho (que continua no Corinthians até hoje), porteiro, não me deixou entrar. A justificativa foi terrível: "Aqui não entra preto". Mandei chamar um diretor e a resposta foi a mesma. Deixei a carta do Mazzoni e fui embora. No domingo seguinte o Corinthians perdeu para o Santos de oito a zero. Com muitas desculpas os dirigentes foram me buscar em casa – conta Jaú.

O Pai de Santo acrescenta:

– No meu primeiro dia de clube, quando cheguei, o time estava treinando. Fui recebido com cara feia de alguns e gozações de muitos. Deram-me um par de chuteiras maior que meus pés. Palhaçada pura. Eu calmo, sorrindo. Ai pensei: vou meter a botina para valer nessa turma e os "homens" me mandam logo embora.

Joguei uns quinze minutos e saí; mandaram que eu entregasse minha camisa a outro e aguardasse. Depois de alguns minutos entrou em campo outro time. Guido, o técnico, me chamou: "Garoto, agora você vai mostrar se realmente serve ou não". Fiz dupla com Grané, no time titular, e marquei ate um gol. Logo após o treino assinava contrato par ganhar 150 mil réis, a metade do que recebia como pedreiro.

Sucesso, alegrias, decepções

A esperança de Jaú era de ganhar sempre mais dinheiro. Sua estreia foi contra o São Bento, em Sorocaba e o Corinthians venceu de cinco a um. Foi nesse jogo que Euclides ganhou o apelido que o acompanha até hoje, dado por um torcedor não identificado. Ele conta como foi:

– Eu tinha o costume de subir bastante para cabecear. Aí, um cara da geral gritou: "Esse nego até parece aquele avião, o Jaú." A torcida gostou e sempre que eu subia, não perdiam a oportunidade – "Vai, Jaú". Meus companheiros ouviram e, na volta, já me tratavam por Jaú.

O sucesso foi rápido. Mais dois jogos e a convocação para a Seleção Paulista, que enfrentaria a Seleção Carioca no Rio. Venceram os paulistas por três a um. A primeira vitória dos paulistas – segundo Jaú. Em 1934, ele já gozava de grande prestígio no clube, sendo o capitão do time, sempre ouvido sobre a contratação de jogadores. Em 1937, ocorreu sua primeira alegria: campeão paulista pelo Corinthians. Mas também grande decepção.

Tudo começou antes do jogo em que o Corinthians venceu o então Palestra – hoje Palmeiras. Dirigentes palestrinos foram à residência de Jaú, para suborná-lo. Jaú fez que topava mas avisou o técnico e o presidente do clube, contando tudo que se passava. Na hora acertada todos foram à casa lotérica de um dirigente do Palestra, onde Jaú deveria receber o dinheiro do suborno. Houve o flagrante e um tremendo escândalo. O ocorrido só prejudicou Jaú, embora o Corinthians tenha ganhado o título. Jaú foi acusado de ter amolecido o jogo e Guido Correcher, o técnico do time, disse a ele: "Você não merece nenhum tostão de bicho, pois amoleceu as coisas para o ponta esquerda deles. E Jaú ficou sem receber, praticamente encerrando ali sua carreira no Corinthians. Seu contrato já estava para vencer e o Vasco não perdeu tempo e ofereceu uma proposta irrecusável: Luvas de 50 contos e salários de 14. Uma fortuna para a época. Jaú foi para o Rio e reencontrou a paz. Ganhou vários campeonatos e chegou à seleção brasileira.

Copa do mundo

Depois de vencer a Copa Roca de 1937, Jaú foi para a França, em 1938, disputar o Campeonato Mundial. Da viagem, guarda boas e más recordações. Conta ele que a viagem de navio para a Europa, foi cheia de problemas. A embarcação acabou afundando em Portugal, isso depois de em pleno oceano ter sofrido um incêndio na casa de máquinas. Mas foi em Lisboa, durante um passeio, que aconteceu o pior. Jaú foi escolhido para acompanhar um grupo de jogadores: Leônidas, Argemiro, Romeu, Batatais, Domingos e Valter. A certa altura, Domingos avistou um boteco e chamou a turma para tomar qualquer coisa. Jaú conta como foi:

– Eu avisei que bebida só refrigerante. Todos toparam. Começamos a conversar e o tempo foi passando. Notei que o pessoal estava falando meio mole e pensei: será que esses caras estão ficando bêbados com refrigerantes? Aí, notei

Figura 22: Pai Jaú com a camisa do Corinthians. Revista *O Cruzeiro*, n. 22, 30 de agosto de 1980. Foto de José Pinto. Autorização D. A. Press S/A.

que eles estavam indo demais ao banheiro. Quando Batatais se levantou, disfarçadamente eu fui atrás. Entrei no banheiro e o peguei bebendo de um garrafão, que eles tinham escondido perto do vaso sanitário. Tarde demais. Quando voltei ao salão, o Valter tinha urinado em cima de uns portugueses e saiu a maior briga. Não demorou muito e chegou a policia. O Domingos, que estava muito bêbado, não conseguiu fugir e assim fomos os dois para a Delegacia. Ficamos presos e eu tive que gastar meus últimos trocados para pagar a multa. Sem dinheiro para a condução, voltamos ao cais em um carro da policia. Reunião de dirigentes, exame da situação de mandar o grupo de volta. Leônidas ainda fez veneno, dizendo que eu também estava bêbado. Se não fosse a interferência de Oswaldo Aranha, eu e o Domingos voltaríamos. Já imaginaram a vergonha?

No entanto, o Brasil, mesmo com todos esses problemas e envolvido pela velha politica de paulistas e cariocas, acabou em terceiro lugar no mundial da França, sem duvida, um excelente resultado, que segundo Jaú, poderia ter sido melhor.

Fim de carreira

Jaú voltou da França com 12 contos amarrados no cós da calça. Permaneceu no Vasco até julho de 1943, quando foi considerado em fim de carreira – acabado – e emprestado ao Madureira e chegou a jogar junto com um dos mais famosos trios de atacantes do futebol brasileiro: Lelé, Isaias e Jair – os três patetas.

Jaú ainda jogou na Portuguesa, no Santos e no Comercial, da capital. Foi quando machucou o joelho e abandonou defi-

Figura 23: Pai Jaú durante ritual. Revista *O Cruzeiro*, n. 22, 30 de agosto de 1980. Foto: José Pinto. Autorização D. A. Press S/A.

nitivamente o futebol.

Hoje em dia, Jaú é um dos Pais de Santo mais conhecidos da Zona Norte da cidade e tem uma esperança:

– Acredito em reencarnação e na minha próxima vida, se meu Pai Oxalá permitir, gostaria de voltar a ser jogador de futebol. Quero ser de novo campeão no meu time de coração: O Corinthians.[1]

PAULISTAS REVERENCIARIAM IEMANJÁ – A RAINHA DAS ÁGUAS SALGADAS

Texto de Violeta Marien e Régine Ferrandis
O Cruzeiro, n. 10, 10 de novembro de 1980
Autorização de D. A. Press S/A

A história dos cultos africanos no Brasil, que deram origem à Umbanda e ao Candomblé, teve sua origem em 1530, com a vinda dos primeiros negros para o Brasil, como escravos. Da região chamada Nigéria é que veio a maioria dos escravos. Desde a sua formação, os negros tinham, como todas as culturas têm, um Deus no qual acreditavam. Mas, entre esse Deus e o homem, foram criados vários deuses intermediários, à semelhança da cultura grega. Só que, para os negros, eles reverenciam os nomes de Orixás e cada um deles denomina um setor determinado da natureza. Ogum, por exemplo, é o Orixá dos metais, deus da guerra e, por isso mesmo, confundi-

1 Nota: Pai Jaú desencarnou em 26 de dezembro de 1988, aos 82 anos, de insuficiência respiratória, em São Paulo. No primeiro volume do livro *História da Umbanda do Brasil*, escrevemos sobre a vida espiritual de Pai Jaú.

do no sincretismo religioso com a figura de São Jorge. Iemanjá, Orixá das águas salgadas, corresponde à Nossa Senhora da Conceição; Iansã, Orixá do tempo, é Santa Bárbara. Oxóssi, o Orixá das matas, é São Sebastião para os católicos. De forma infindável se sucedem os Santos e os Orixás, devidamente cultuados por católicos e umbandistas.

De qualquer forma, o negro escravizado ao pisar no Brasil já se deparava com o catolicismo devotado dos portugueses que aqui estavam. A colonização portuguesa foi feita também em termo religiosos. Em *Os Lusíadas*, Camões expressa bem a mentalidade da época: "dilatando a fé e o império", diz ele a respeito da conquista de novas terras. E sempre é bom lembrar que a fé portuguesa não tinha nenhuma preocupação de evangelizar, de instruir. Prova disso são as inúmeras igrejas que foram erguidas na época. Então, o negro viu que os santos católicos tinham a mesma função dos seus Orixás, ou seja, eram intermediários entre os homens e Deus, que eles chamavam de Olorum.

Escravos, afastados de sua terra natal, durante muito tempo os negros cultuaram os Orixás às escondidas dos senhores brancos, que lhes impunham o cristianismo. O culto aos seus Orixás valia também como uma forma de resistência ao escravismo a que estavam submetidos. Em 1889, com a República, o catolicismo foi declarado religião oficial. Nessa época houve muita perseguição aos cultos dos negros mas, aos poucos, a Umbanda foi conquistando seu lugar, deixando as senzalas e os quilombos pelas cidades, até se transformar em festas citadas no calendário turístico da cidade.

A posição da Igreja Católica perante a Umbanda teve quatro fases distintas. A primeira vai desde a colonização do País até 1950. Durante todo esse tempo, a Igreja sempre tratou com desprezo esses cultos. De 1950 até 1968, quando houve o Congresso Episcopal de Medelín, a Igreja adotou claramente uma politica de ataque a todos esses cultos; não era de discussão, mas de simples ataque. A partir de Medelín, a Igreja adotou outra politica, a de estar mais próxima do povo e, consequentemente, ter mais interesse por esses cultos, interesse religioso. Agora a posição da Igreja, reforçada pelo Congresso de Puebla, é a de se interessar pelo homem que pratica essa religiosidade. Hoje a Igreja tem um interesse antropológico e não meramente religioso. A Igreja Católica está disposta a se aproximar da Umbanda e tentar chamar a si, novamente, o homem.

Dia oito de dezembro é dia de muita festa para os umbandistas. É nesse dia que se homenageia Iemanjá, divindade poderosa, pois foi de seu ventre que saíram todos os Orixás, segundo a tradição umbandista. Em São Paulo, o culto a essa entidade costuma ser realizado na Praia Grande, onde foi erigida uma estátua à Rainha das Águas. Mas, este ano, apesar de ter aumentado consideravelmente o número de casas de Umbanda em todo o Estado, o movimento nas praias foi bem menor que nos anos anteriores. A Federação Umbandista do Estado de São Paulo tem 7452 casas filiadas, 2214 são na Capital. Ou seja, mais da metade das casas registradas são do interior do Estado e, para que eles se deslocassem até Praia Grande teria que se mobilizar um grande número de carros, o que significa muita despesa com gasolina. Aliás, o presidente da Federação, Alfredo Costa Moura, faz sempre questão de lembrar que a verdadeira casa de Umbanda não costuma cobrar por suas consultas ou passes. A renda que ela possui é proveniente de donativos dos devotos.

O custo de vida e principalmente o preço da gasolina foram responsabilizados pela queda de movimento. Eram esperados cerca de dois milhões de pessoas no final de semana em que se cultua Iemanjá e, no entanto, apenas 800 mil pessoas estiveram em Praia Grande (27 quilômetros de praia). A grande movimentação aconteceu em uma noite de sábado para domingo, quando a grande maioria das tendas estava armada e os atabaques chamavam a população a saudar os Orixás.

O ritual nessas casas geralmente é o mesmo. A primeira coisa a ser feita, alinhados todos os médiuns, filhas e filhos da casa, é a Mãe ou Pai de Santo tocar o adjá. O toque dessa espécie de sino alerta os presentes de que os trabalhos serão iniciados. Logo depois todos cantam o ponto de abertura, geralmente esse ponto é para Oxalá que corresponde ao Cristo. Depois se canta o ponto para saudar Iemanjá, Xangô, Iansã, Oxóssi, Cosme e Damião. Aliás, uma prova evidente da mistura entre os santos católicos e os Orixás é a festa comemorada em 27 de setembro. Nesse dia, a Igreja Católica comemora seus santos Cosme e Damião e a Umbanda festeja o Ibeji, Orixá das crianças; e essa festa é chamada, pelos umbandistas, de festa de Cosme e Damião.

Cantados os pontos, conforme os espíritos incorporados, os ogans, espécie de fiscais do congá, terreiro, anunciam que as consultas podem ser iniciadas, e os passes também. Em algumas tendas costumam haver filas para consultas. Os devotos esperam a incorporação do Orixá de sua devoção para fazer uma consulta ou mesmo um passe. Muitas pessoas levam colares de contas coloridas para serem cruzados pelas entidades. Esses adornos, depois de cruzados, transformam-se em guias protetoras.

Oferendas

Durante toda a noite de sábado os atabaques tocaram e os umbandistas dançaram, geralmente vestidos de branco ou azul claro, cores de Iemanjá. Quando o dia começou a clarear, as tendas iniciaram sua procissão até o mar para levar oferendas à divindade. Normalmente esses presentes são levados em pequenos barcos pintados de branco e azul. Este ano, nenhum barco levou presentes caros a Iemanjá. As lembranças não passaram de sabonetes, perfumes e talcos, além das tradicionais flores. Mas, a Mãe de Santo de uma casa conta que no ano passado eles levaram no barquinho um anel de brilhantes de formatura, oferta de dois médicos, e um belo vestido azul. Eram retribuições à entidade pelas graças alcançadas. As oferendas são feitas geralmente entre três e quatro horas da manhã, exatamente para evitar que alguma pessoa, que não participa do ritual, se aproxime do barco com a intenção de tirar alguma coisa que foi ofertada a Iemanjá. Isso era muito comum, segundo a cacique Alvina Pereira de Castro. Aliás, ela é a única mulher a atingir esse cargo, mas ela afirma que não se trata absolutamente de nenhum tipo de preconceito. É que, segundo os preceitos da Umbanda, a mulher não é tão médium quanto o homem, ou melhor, ela tem alguns dias no mês em que não consegue se concentrar completamente e receber o santo. O homem, por não estar sujeito a essas alterações biológicas, está sempre apto a fazer os trabalhos mediúnicos.

Gasolina influiu

Os caciques são aqueles médiuns e Pais de Santo a quem foi revelado a mironga, ou seja, o segredo da Umbanda. Não basta que um Pai de Santo diga que recebeu essa revelação. Os outros caciques o submeterão a testes, além de pedir conselhos, cada um a seu guia protetor, sobre o procedimento que deve ser tomado.

Mas este ano o preço da gasolina diminuiu enormemente o afluxo dos fiéis à Praia Grande. E, além disso, algumas companhias de ônibus chegaram a cobrar 18 mil cruzeiros para ceder um coletivo que transportasse os umbandistas de São Paulo até a Praia Grande, ou seja, cada pessoa que entrasse no ônibus teria que pagar Cr$ 500,00, isso fora as despesas com alimentação ali na praia, já que eles normalmente descem no sábado à tarde para retornar no domingo também à tarde. Alguns dirigentes umbandistas são até pessimistas: afirmam que se tal situação permanecer, será difícil voltar aquela época em que as praias ficavam lotadas nos dias das festas de Iemanjá, o que não é nada bom para os comerciantes locais que aumentam bastante seus lucros nesses dias.

Ao contrário do ano passado, quando era impossível caminhar por toda a extensão da Praia Grande sem topar com alguma tenda de Umbanda, este ano em algumas áreas foram armados até campos de futebol. O único lugar realmente congestionado foi a Cidade Ocian. É que nessa praia foi erguida uma estátua de Iemanjá e então estava muito difícil caminhar entre as saias rodadas das mães e filhas de santo. Todos disputavam um lugar aos pés da estátua para acender uma vela.

Como consequência da pouca afluência das pessoas às festividades, foi também pequeno o número de acidentes. Até o domingo à tarde, quando terminaram as obrigações aos santos, três pessoas tinham morrido afogadas, três mulheres deram à luz nas ambulâncias de atendimento de emergência e cerca de duzentas crianças perderam-se de seus pais. Isso sem falar em ferimentos leves provocados por garrafas e latas jogadas na praia.

No começo da tarde de domingo, várias tendas se juntaram em uma última homenagem à Iemanjá. Todos entraram no mar em procissão, usando as guias de contas transparentes, que são as contas adequadas para se entrar no mar, e saudaram a Mãe Sereia, ou Iassobá, aquela que anda sobre as águas.

ALHAMBRA E O CULTO DA JUREMA

Diamantino Fernandes Trindade

Jurema Preta é uma árvore paraibana venerada quase como uma divindade. Vive mais de duzentos anos. É conhecida pelos botânicos como *Mimosa hostilis* Mart., *Mimosa limana* Rizzini e *Acácia tenuiflora* Benth. O significado popular é espinheiro suculento. São utilizadas a casca do tronco e da raiz e as folhas para diversos fins terapêuticos. A casca da raiz produz efeitos psicoativos. Da casca e da raiz da jurema preta é preparada a bebida utilizada durante as sessões de Catimbó e do Culto da Jurema. As árvores usadas no preparo da bebida eram consagradas a um mestre encantado e formavam as denominadas "Cidades da Jurema". Segundo Sandro Guimarães Salles seriam sete cidades: Jurema, Vajucá, Junça, Angico, Aroeira, Manacá e Catucá. René Vandezande escreve sobre uma dessas cidades:

> A cidade mais antiga da jurema, cujo pé de jurema teria sido plantada pelo "mestre Inácio", regente dos índios, é o arbusto velho e enorme que se encontra na atual propriedade "Estivas", cujas fotografias estão saindo nos jornais e televisão. Lá perto há uma pequena casa escondida entre as árvores onde o ritual do Catimbó é praticado todos os sábados.

A Jurema Sagrada também denominada de Catimbó ou Catimbó-Jurema é, segundo alguns autores, a primeira religião remanescente das tribos indígenas. O Mestre da Jurema Claudio Oliveira cita:

> A cultura da Jurema Sagrada surgiu há muitos anos atrás, onde no começo de sua história tinha o seu culto direcionado aos pajés, aos ancestrais indígenas e aos encantados das florestas e dos rios.

> A Jurema é uma religião de tradição que abrange toda linha espiritual como: caboclos, ciganos, boiadeiros, pretos velhos, senhores mestres, senhoras mestres, baianos entre outros. Há uma amplitude de linhagens que trabalham espiritualmente dentro de uma só cultura.
> O culto à Jurema possui muitos segredos que passaram de geração para geração, entre eles a sabedoria medicinal de plantas e seivas extraídas de cascas de árvores, bebida sagrada que tinham várias funções, entre elas curar pessoas em enfermo, e ajudar na ligação entre o homem e a essência cósmica da energia tanto do espírito como da natureza.

Alhandra é um município distante 26 quilômetros de João Pessoa, onde está localizada a Cidade Sagrada da Jurema. Conforme Francisco Sales de Lima Segundo:

> Sabe-se que o município de Alhandra foi fundado a partir da instauração do aldeamento de Arataguy, no final do século XVI, logo após a consolidação da Paraíba, que repercutiu com a fundação da cidade de Nossa Senhora das Neves (atual João Pessoa, capital do Estado), em 1585.

Antônio de Santa Maria Jaboatam explica:

> A primeira referência à aldeia que deu origem à Alhandra teria sido feita no final do século XVI. Esta teria sido construída pelos frades menores para proteger a nova fazenda do Capitão Duarte Gomes.

Segundo Sandro Guimarães Salles:

> Os índios lá assentados vinham de um aldeamento jesuíta e eram provavelmente tabajaras, uma vez que neste período o litoral sul, sob controle dos portugueses, era habitado por índios aliados. Em 1610, a "aldeota" aparece no Catálogo da Companhia de Jesus, com o nome de Assunção. Em 1746, ela é administrada pelos padres oratorianos, sendo então registrada como Aldeia de Nossa Senhora da Assunção de Arataguy. Doze anos mais tarde, na ocasião da elação da aldeia à categoria de vila, recebe o nome de Alhandra. Quase um século depois continuava sendo habitada basicamente por índios.

Em 1862, os aldeamentos foram considerados extintos. O último regente destes índios foi Inácio Gonçalves de Barros. A tradição da jurema em Alhandra é intimamente associada às famílias remanescentes da antiga Aldeia de Arataguy.

Foi ali que nasceu, em 1813, José de Aguiar, mais conhecido como Zé Pelintra, falecendo com 114 anos de idade. A Cidade Sagrada da Jurema surgiu em um sítio deste município. Cada mestre que falecia tinha uma semente de jurema plantada em sua sepultura.

Na Cidade Sagrada da Jurema, entre raízes de jurema, estão sepultados 42 famosos mestres juremeiros entre os quais, além de Zé Pelintra, Joana Pé de Chita, Maria do Acais, Tertuliano, José Vicente (Malunguinho), Manoel Maior Pé de Serra, Mestre Carlos, Zezinho do Acais, Heron e esposa Salomé, Rosalina, João de Alhandra, Dondom, Pinicapau, Coqueiral, Cadete, Cangaraçu, Tambaba e outros.

Maria do Acais é uma das figuras mais emblemáticas da Jurema. Relatos históricos dão conta que a índia Maria Gonçalves de Barros, fundadora da Vila de Acais, conhecida como Maria Índia (primeira Maria do Acais), recebeu, em 1864, junto com seu irmão, mestre Inácio Gonçalves de Barros, terras do Imperador D. Pedro II, em demarcação indígena, as terras do Acais, onde passou a morar, sendo ela uma das responsáveis pelo início da Jurema naquela região. Registros oficiais dão conta que Inácio Gonçalves de Barros, ultimo regente dos índios de Alhandra, recebeu 62.500 braças quadradas de terra (braça é uma antiga medida que corresponde a 4,84 metros quadrados), em um lugar denominado Estiva.

Como Maria Índia não teve filhos, a sua sobrinha Maria Eugênia Gonçalves Guimarães (a segunda Maria do Acais), herdou as terras de sua tia e logo após se tornaria famosa como a senhora mestra Maria do Acais que exerceu os ofícios de vidente e conselheira de milhares de enfermos e doenças desconhecidas da medicina tradicional.

Laura Berquó explica:

> Há algum tempo, o IPHAEP cuida do processo de tombamento do sítio onde a Mestre Maria do Acais (Senhora Maria Gonçalves de Barros), nasceu e se dedicou ao culto

da Jurema Sagrada. Desde a década de 1970, a Federação dos Cultos Africanos do Estado da Paraíba, vem lutando para o reconhecimento do município de Alhandra como Cidade Sagrada da Jurema.

As perseguições aos juremeiros, tal como aconteceu com os umbandistas e os candomblecistas, também era cruel na Paraíba conforme relato de Valdir Lima:

> Relatos de delegacias remontam a guerra declarada do Estado às feiticeiras, catimbozeiras, rezadeiras adeptas da jurema. A mestra Joana Pé de Chita, juremeira afamada que viveu e passou seus últimos dias na cidade de Santa Rita, PB, nas várzeas daquela cidade onde se localizava o Engenho Tibiry. Muito procurada quando vivia, Joana tinha uma vida muito simples, rural, e atendia as pessoas que a procuravam para ensinar remédios naturais e dar passes espirituais. Após sua morte, Joana Pé de Chita foi juremada, ação que denomina as pessoas que retornam espiritualmente na linhagem da jurema sagrada como mestres (as), caboclo (as) ou índios (as), e a mesma se manifesta em médiuns de todo o Brasil e também do exterior.

No Culto da Jurema é significativa a noção de *ciência*, aplicada pelos juremeiros. Francisco Sales de Lima Segundo cita o autor Lucas Souza, neto da Mestra Jardecilha que apresenta um entendimento do que seja este conhecimento:

> O termo ciência, para nós juremeiros, tem dois sentidos. A ciência: sabedoria, ensinamento, força. E a ciência medicinal. A minha avó era uma grande mestra porque ela sabia dominar estas duas ciências: a do conhecimento, a da sabedoria. A do ensinamento que a Jurema dá, é o da ciência das ervas. A Mestra Jardecilha era uma grande alquimista, porque ela sabia a junção de ervas, garrafadas, infusões e chás para muitas doenças e várias enfermidades. Então daí vem o termo ciência. Ensinamento. Sabedoria. É a sabedoria, não só nas ervas. Ela é reza, é de como retirar uma entidade, como mandar um recado pela fumaça, como mandar uma entidade na casa de uma pessoa. Tudo isso é ciência, tudo isso é sabedoria!

E o Catimbó?

O famoso babalorixá José Ribeiro, do ritual Nagô, conta:

> A priori, há que esclarecer que me reporto tão somente às pratica dos primitivos Catimbós, ao tempo distado de aproximadamente cinquenta anos, época em que a ele me filiei, conduzido que fui por meu saudoso irmão e renomado Mestre, Chico do Jordão, à presença da pranteada semideusa do Catimbó, a divina Maria do Acais, minha madrinha. Isto aconteceu aos meus nove anos de idade.

Explica ainda o mesmo autor:

> A verdade é que o Catimbó praticado no Nordeste difere grandemente do Candomblé, Xangô ou Macumba.
> Observe-se que ele não possui, como nos cultos acima, uma hierarquia sacerdotal. Não exige período de iniciação, não havendo preceitos especiais, rituais, cerimônias, trajes, toques etc., próprios desse culto.
> O Chefe do Catimbó é o Mestre, sendo o ritual que comumente se pratica semelhante às praticas espíritas comuns. Entretanto, encontra-se nos catimbós a aparição de Orixás africanos, Caboclos (índios), Pretos Velhos. Baixam espíritos de Mestres falecidos, como Mestre Carlos, Índio Pinavarassu e Anabar, Pretos Velhos como Pai Joaquim etc.
> Essas entidades *acostam-se* durante a Sessão de Catimbó, receitando e aconselhando, consolando e tratando de todos os filhos fiéis. Os mestres do Catimbó, diferindo dos babalorixás e ialorixás dos cultos africanos, têm, entretanto, a mesma bondade e cuidado com seus filhos. Suas praticas são mescladas de feitiçarias africanas e indígenas, rezas católicas e invocações espíritas.

Luiz Assunção explica que:

> As primeiras formas de elaboração do culto da Jurema foram descritas pelos cronistas e viajantes a partir do século XVI, e, mais tarde, pelos holandeses, quando, viajando pelo sertão, narraram a vida e a cultura do povo tapuia.

Nesses rituais, os participantes bebiam, fumavam, manipulavam ervas, invocavam seus antepassados, como elementos culturais inseridos nos costumes de práticas vividas coletivamente.

Epiaga cita que as cerimônias ritualísticas de nossos aborígenes constavam de cantos e de danças rítmicas, acompanhados de sons tirados de bizarros instrumentos e pancadas. Um desses instrumentos era o bastão de ritmo que, conforme os aborígenes, tinha o poder sublime de conduzir a alma ao Paraíso. Para facilitar o fenômeno ingeriam certa bebida feita de *caapi*, similar ao clássico *peyotl*, cactáceo utilizado pelos mexicanos para o mesmo fim. Queimavam raízes, folhas ou cascas de árvores resinosas, cujo perfume "adormecia ou sonambulizava as pessoas".

Excluindo-se a região do Maranhão onde houve um domínio religioso dos daomedanos, todo o norte do Brasil, da Amazônia até as fronteiras de Pernambuco, o domínio foi do índio, que marcou profundamente a religião popular, **Pajelança** no Pará e na Amazônia, **Encantamento** no Piauí, **Catimbó** nas demais regiões.

O Catimbó Jurema é uma composição dos rituais Congo-Angola, associados à Pajelança e às práticas de bruxaria e feitiçaria de todos os tempos. Sofreu influências do Catolicismo e do Espiritismo. Podemos dizer que é um processo de feitiçaria do branco com cachimbo do negro e o fumo do indígena.

Segundo Câmara Cascudo:

> A diluição étnica do indígena, na segunda metade do século XVIII, depois da expulsão dos jesuítas, contribuiu para a dispersão da população indígena. Do encontro desta com o negro africano, esboça-se a prática do catimbó, feitiçaria, individual. O índio e o negro são os lados de um ângulo cujo vértice é o "mestre" do catimbó. No catimbó negro, havia a magia branca e no caboclo "a contaminação foi imediata e continua". Paralelamente à prática do catimbó, feitiçaria, individual, havia o "adjunto da jurema", cerimônias simplificadas do culto indígena, a dança coletiva tupi, realizada em segredo, com fins religiosos e terapêuticos.

O Catimbó começou a se delinear no início da colonização, com o nome de Santidade conforme documentos das denuncias e confissões ao Tribunal da Inquisição em 1591-1592. Roger Bastide explica que:

> Centralizava-se esse culto em um ídolo de pedra, chamado Maria, e dirigido por um "Papa" e uma "Mãe de Deus"; entrava-se para esse culto por uma espécie de iniciação, simples cópia do batismo católico, e todo o cerimonial constituía um sincretismo bastante desenvolvido de elementos cristãos (construção de uma igreja para adoração do ídolo, porte de rosários e de pequenas cruzes, procissões de fiéis, os homens na frente e as mulheres com seus filhos atrás) e de elementos indígenas (poligamias, cantos e danças, uso do tabaco, "a erva sagrada",, à moda dos feiticeiros indígenas: tragava-se a fumaça até a produção do transe místico, que se chamava precisamente o espírito da santidade).

O culto da Santidade desapareceu em função da perseguição da Inquisição, mas o essencial permaneceu: a mistura do Catolicismo com a cultura indígena e a função do fumo. O elemento de transição entre a Santidade e o Catimbó é o culto indígena dos *Caboclos*, mais ou menos cristianizados, do sertão. Câmara Cascudo encontrou alguns vestígios da festa chamada de Ajuá ou Jurema no século XVIII e Fernandes em 1740:

> Sendo secreto, por causa de seu caráter religioso, não podiam a ele assistir todos os habitantes da povoação... O ajuá é uma bebida miraculosa, feita da raiz da jurema. Assisti a toda preparação. A raiz ralada, as raspas são lavadas a fim de tirar a terra que aí pode se encontrar e, depois, colocada sobre uma pedra. Aí ela é macerada por uma leve batedura com outra pedra. Aí a maceração está completa, põe-se o purê assim obtido em um pequeno vaso com água, onde o preparador o aperta com as mãos. Pouco a pouco a água se transforma em um caldo vermelho e espumante. Quando se julga que a bebida está feita, tira-se toda a espuma. Então o velho Serafim acendeu um cachimbo tutelar, feito de raiz de jurema e, colocando-o ao contrário, isto é, a parte em que se põe o fumo na boca, assoprou a fumaça no liquido que estava na vasilha, fazendo com ela uma figura em forma de cruz, com um ponto em cada um dos ângulos da cruz. Depois que ele acabou, um caboclo, filho do chefe, pôs o vaso no chão, sobre duas folhas de Uricuri formando um aparador. Em seguida, todos os presentes, entre eles compreendidas duas velhas

"cantadoras", sentaram-se no chão, formando um círculo em torno do recipiente.

Comenta ainda que após essa preparação a festa começa com o chefe e seus assistentes acendendo os cachimbos que passam de mão em mão até completar o círculo humano. A bebida é também distribuída e muitos deles entraram em sintonia com mundos estranhos, com almas dos mortos e espíritos protetores. Ao final, as cantadoras passaram a benzer as pessoas, uma por uma, sempre cantando. Ao final, uma delas fez uma prece a um dos espíritos protetores da comunidade.

No Catimbó, o ponto forte de seus mistérios de iniciação é denominado *juremação*, ato pelo qual o crente se inicia, se prepara, sendo uma espécie de ***batismo de fogo***, durante o qual é submetido a um transe hipnótico, espécie de desdobramento do corpo astral, (produzido pela ingestão de bebida alucinógena: infusão de jurema com aguardente). Durante esse transe, recebe em certa parte de seu corpo um cristal ou pedrinha do mar (semente), com a qual acredita estar protegido. A incisão é cauterizada, tampada, de modo que durante a cicatrização o amuleto não saia.

Beber jurema ficou então como sinônimo de feitiçaria e reunião de catimbozeiros. Vejamos o que diz Câmara Cascudo.

> Um jornalzinho satírico, que se publicava em Natal, *O Corisco*, afirmava no número 13, de 21 de outubro de 1888, referindo-se a uma pessoa da terra:
>
> *Fui aluno do Remígio,*
> *Muita jurema bebi,*
> *Meti-me no Espiritismo*
> *Do feitiço me esqueci*
>
> Esse Remígio que ensinava a beber jurema era o famoso Manuel Remígio do Nascimento, Mestre Remígio, com vestígios na tradição oral da cidade de Natal, São José de Mipibu e Papari.
>
> O Dr. Gonçalves Fernandes, no *Folclore Mágico do Nordeste*, registra o Catimbó da Paraíba, com linhas, músicas, comentários e mesmo interpretação. Um dos encantados canta:

Eu venho do outro mundo
Da cidade de Acais
Eu fui beber jurema
Na mesa dos Juremás

E cita: a jurema com aguardente corre de boca em boca e há como que uma só máscara em todas as faces.

A força da jurema não é uma força material, a do sumo da planta, e sim uma força de origem espiritual, a dos espíritos que passaram a habitá-la. A ingestão da jurema possibilita a viagem ao mundo do sobrenatural. Uma das cantigas do Catimbó diz:

Eu andei o mundo em roda
Percorri todas as cidades de pena
Agora foi que eu conheci
A ciência da jurema

Um instrumento indispensável aos rituais é o cachimbo de canudo comprido e que é denominado de **marca**. O fumo utilizado é misturado com benjoim, incenso, alecrim e plantas aromáticas. Durante os trabalhos pode-se fumar á vontade. O mestre costuma fumar o cachimbo às avessas, colocando a boca no fornilho e soprando a fumaça pelo canudo.

Outro instrumento indispensável é a **marca mestra** que consiste de uma vareta de madeira comprida que tem na extremidade uma cabacinha com sementes secas. Utilizam-se ainda as **princesas** e as **bugias**.

Os dirigentes dos grupamentos recebem o nome de **mestre** ou **mestre de mesa** e as Entidades que baixam são chamadas de **mestres de linha**. Segundo Cascudo, a maioria desses mestres de linha são mestiços e mulatos. Diz ainda que o Catimbó mantém as **linhas** significando a procedência dos encantados, nações, invocação dos negros valorosos.

A maioria desses mestres de linha são antigos catimbozeiros e ex-escravos (negros e índios) que durante muitos anos estiveram sob o jugo dos atuais mestres de mesa e de uma forma direta, ainda que debaixo de bruxaria, reajustam suas dívidas cármicas.

Segundo Matta e Silva, as evocações eram e ainda são para os denominados mestres de linha do astral, daí veio a origem histórica, popular, não oculta, exotérica, das Sete Linhas da Umbanda, adaptadas sobre alguns Orixás tradicionais, que diziam como **encantados**, que podiam ser Caboclos (índios desencarnados há muito tempo), apelidados de Caboclo Serafim, Caboclo Marinheiro, Caboclo Bentevi, Caboclo Boiadeiro, Caboclo Marimbondo, Caboclo dos Montes, Caboclo Juarez etc.

Poderíamos ainda citar muitos outros Espíritos como Maria Padilha, Maria Mulambo, Maria Balaio, Zefinha, Chiquinha, Zé Pelintra, além dos mestres Luiz, Vajucá, Tertuliano, Carlos Violeiro, Carlos Velho, Rei Heron, Manicoré, Bom Florá, Tabatinga, Felipe Camarão e as mestras Vicência, Cecília, Benvenuta e outros.

A faixa vibratória desses mestres de linha é muito próxima da dos mestres de mesa, sendo, portanto muito fácil a ligação fluídica nas mesas. Cascudo relata que Mestre Carlos, conhecidíssimo em qualquer sessão de Catimbó, tem ciúmes, gosta de cauim, é cheio de virtudes e de pecados como um deus grego. Diz ainda:

> O que se sabe, no Catimbó, da história dos mestres foi contado por eles mesmos. Manicoré, por exemplo, tem dias de conversa indiscreta, narrando segredos dos companheiros do astral, brigas, polêmicas, ciúmes etc. Esses deuses têm sede, como toda gente...
> Manicoré pertence à Pajelança Amazônica. É o mais antigo dos mestres, trata de feridas incuráveis. Também trabalha na esquerda embora não seja uma de suas predileções. Disse ter desencarnado há 438 anos (isso na década de 1930). Manicoré, nome de rio amazonense, era, conforme informou Mestre Zinho, inimigo de Agisse. Por isso Agissé aparece repetidamente na linha de Manicoré.

Roger Bastide cita que entre os mestres negros que frequentam as sessões de Catimbó, aparece como figura principal o Pai Joaquim. Sua linha tem como refrão *asquimbamba*, palavra visivelmente africana.

> *Pai Joaquim é negro, alegre, asquimbamba*
> *Um velho negro divertido, asquimbamba,*
> *Duvido ainda que haja outro, asquimbamba,*
> *Negro tão velho como eu, asquimbamba*

As sessões de Catimbó são chamadas de **mesa**. **Fazer mesa** é abrir uma sessão. O trabalho para o bem, tratamento médico, remédios, conselhos, orientações benéficas, amuletos, é denominado **fumaça às direitas**. Trabalho para o mal, vinganças, dificultar negócios, impedir casamentos, adoecer alguém, conquistar mulher casada, despertar paixões para relações não conjugais, é **fumaça** às **esquerdas**. São muito famosos também os trabalhos com chaves para *fechar o corpo*.

Geralmente, as sessões de Catimbó são consagradas á prática da bruxaria, dos feitiços, envolvendo raízes, ervas, nozes, frutas, defumações fortes, bebidas alcoólicas aliadas á matança de animais para os chamados **despachos**. Nas sessões bebe-se, fuma-se, canta-se e dança-se muito, com evocações extensivas a tudo quanto seja espíritos de feiticeiros indígenas e mandingueiros africanos do passado.

A prática principal e perigosa da Magia Negra tem como base o *envultamento*, que é o uso incisivo de objetos, quer do uso das vítimas, ou, quando não, com bruxas de pano, alfinetes, dedais, agulhas e linhas coloridas. Utilizam-se ainda as chamadas *orações fortes* incorporadas da tradição europeia.

Figura 24: Mestra Adélia, empunhando os maracás. *Catimbó: Magia do Nordeste*, Editora Pallas, 1991.

A leitura fortuita de textos esotéricos trouxe para as mesas os símbolos orientais como serpentes mordendo o rabo, estrelas salomônicas, letras gregas cabalísticas e outros. A influência católica foi reduzida, porém em algumas mesas aparecem imagens de Santos.

Em alguns catimbós a influência do Espiritismo foi e ainda é dominadora. Surgiu daí o termo **baixo espiritismo** dado a esses rituais pelos periódicos do final do século XIX e início do século XX. O Catimbó pouco assimilou dos Orixás, porém a influência do Espiritismo foi marcante.

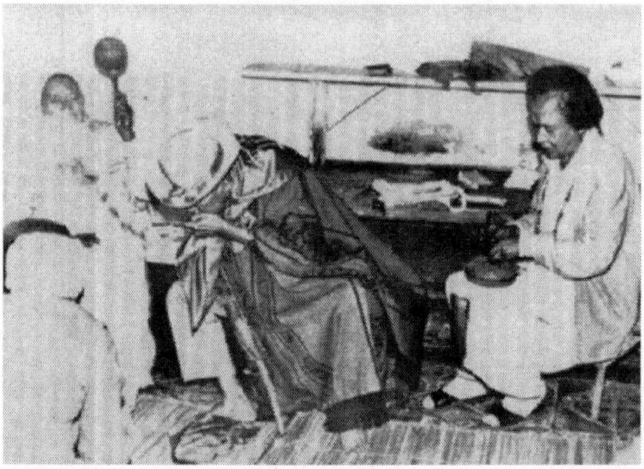

Figura 25: À esquerda, José Ribeiro acostado com Zé Pelintra. À direita, o preparo ritualístico da mistura a ser usada na marca (cachimbo). *Catimbó: Magia do Nordeste*, Editora Pallas, 1991.

Quanto ao famoso Zé Pelintra o leitor deve estar perguntando: E o Zé Pelintra da malandragem carioca que povoa o imaginário de milhões de umbandistas? Vamos primeiro entender o significado do vocábulo pelintra. Nos dicionários encontramos a seguinte definição: Indivíduo pobre, mas com pretensões de aparecer; figurar. No entanto, Dalmo Ferreira, autor do livro "Zé Pelintra – O Rei da Noite" apresenta algo mais abrangente. Segundo o autor "pilantra" é o malandro mais esperto e mais esperto que o "pilantra" é o "pelintra".

O Zé Pelintra da malandragem carioca é José Gomes da Silva que nada tem a ver com o José Alves Aguiar, o mestre da jurema. José Gomes da Silva nasceu em Pernambuco e chegou ao Rio de Janeiro com 17 anos de idade, em 1917, proveniente do Recife e se tornou um dos mais famosos malandros da Lapa e do Estácio. O que o dois tem em comum é o nome José. Quem desejar conhecer mais sobre a vida do Zé Pelintra da malandragem carioca leia a obra de Dalmo Ferreira.

As próximas matérias, publicadas pela Revista *O Cruzeiro*, retratam a Cidade Sagrada da Jurema na década de 1970.

Referências

A Cidade Sagrada da Jurema. http://avisospsicodelicos.blogspot.com.br

ASSUNÇÃO, Luiz. *O Reino dos Mestres*: a tradição da Jurema na Umbanda nordestina. Rio de Janeiro: Pallas, 2006.

BASTIDE, Roger. *As religiões africanas no Brasil*. 3 ed. São Paulo: Pioneira, 1989.

BERQUÓ, Laura. *Carta aberta ao Excelent*íssimo Senhor

Prefeito Constitucional do Município de Alhandra – PB. http://epahey2015.blogspot.com.br

CASCUDO, Luiz da Câmara. *Meleagro*. Rio de Janeiro: Agir, 1951.

EPIAGA. *Amerríqua*: as origens da América. São Paulo: Madras, 2006.

FERNANDES, Gonçalves. *O folclore mágico do Nordeste*. Rio de Janeiro: Civilização Brasileira, 1938.

FERREIRA, Dalmo. *Zé Pelintra:* O Rei da Noite. Teresópolis: Editora Lótus do Saber, 2012.

JABOATAM, Antonio de Santa Maria. *Novo orbe seráfico brasílico ou chronica dos Frades Menores da Província do Brasil.*

LIMA, Valdir. *Cultos Afro-Brasileiros na Paraíba:* memória em construção. http://periódicos.ufpb.br

MATTA E SILVA. *Umbanda de todos nós*. São Paulo: Ícone Editora, 2011.

OLIVEIRA, Claudio. *Jurema Sagrada:* o começo.
https://juremadoriograndedonorte.wordpress.com

RIBEIRO, José. *Catimbó:* magia do nordeste. Rio de Janeiro: Pallas, 1991.

SALLES, Sandro Guimarães. À sombra da Jurema: a tradição dos mestres juremeiros na Umbanda de Alhambra. Revista *Anthropológicas*, ano 8, volume 1.

SEGUNDO, Francisco Sales de Lima. *Os juremeiros e sua ciência:* observações sobre a tradição de conhecimento da Jurema Sagrada em Alhandra (PB).
http://www.30rba.abant.org.br/arquivo

VANDEZANDE, René. *Catimbó*. Dissertação de Mestrado, Recife: UFPE, 1975.

A CIDADE SAGRADA DA JUREMA

Reportagem de Edison Torres
O Cruzeiro, 9 de abril de 1975, n. 15
Autorização de D. A. Press S/A

Em Alhandra, pequeno município ao sul de João Pessoa, na Paraíba, está situada a Cidade Sagrada da Jurema. Foi lá que nasceu, em 1813, José de Aguiar, o Zé Pelintra, que, ao morrer com 114 anos de idade, se tornaria a entidade espírita mais discutida nos terreiros umbandistas do Brasil, pelo seu linguajar pornográfico e paixão pelo marafo. No cemitério da Cidade Sagrada estão sepultados quarenta e dois mestres famosos, entre os quais, além de Zé Pelintra, Joana Pé de Chita, a mestra justiceira Maria do Acais que morava em Santa Rita, mestre Tertuliano, José Vicente, vulgo Malunguinho, Manoel Maior do Pé de Serra, mestre Carlos Zezinho do Acais, Heron e a esposa Salomé, Rosalina, João de Alhandra, Dondem, Pinicapau, Coqueiral, Cadeia, Cangaraçu, Tambaba e outros. Descoberta pelo babalorixá Carlo Leal Rodrigues, presidente da Federação dos Cultos Africanos da Paraíba, está próxima de se tornar ponto de atração turística no Estado, propriedade do Patrimônio Histórico e Centro Folclórico, depois de uma acirrada luta para se conseguir realizar o culto umbandista na Paraíba, a partir de 1966.

Árvore tipicamente paraibana, a jurema é venerada quase como uma divindade. Frondosa e de beleza impressionante, vive mais de duzentos anos, é espinheira e sua fama corre o Brasil. Segundo a crença indígena, possui poderes milagrosos, emanando fluidos benéficos. Em sua parte externa existe uma camada de lodo empregada em defumações e banhos de limpeza. Da casca, flor e folhas são extraídas emulsões para o preparo de bebidas, banhos aromáticos para afastar entidades maléficas e fortificar os mestres. A Cidade Sagrada surgiu em um sítio em Alhandra. Cada mestre que morria tinha uma semente de jurema plantada em sua sepultura. Servia como identificação para os umbandistas. O Repórter Natanael Alves, em trabalho realizado para a revista *Cabo Branco*, diz que "se a policia de 1927 tivesse localizado as covas, exumaria e queimaria os cadáveres". Os pés de jurema desenvolveram-se de tal forma na região, servindo de esconderijo para os mestres sepultados, que hoje o campo nem pode servir de pastagem para o gado.

Jurema, a seita

Oh! Jurema Preta, Senhora Rainha
É dona das cidades
Mas a chave é minha
Oh! Jurema Preta, Senhora Sagrada
Vou mandar os males
Para as encruzilhadas

A jurema está para a Paraíba como o Candomblé para a Bahia. Seu culto é uma variante da Umbanda, somente praticado pelos paraibanos, em tradição proveniente dos tabajaras. Para ser juremeiro é preciso ser consagrado e iniciado em uma ritualística de mais de mil anos, começando como discípulo, tirador de jurema, preparador de junça, firmador de toadas, flor de mesa e mestre. O ritual é feito com maracá, cachimbo, sineta e gaita. A bebida oficial é o vinho da jurema que, apesar de deixar tonto o praticante, não leva qualquer substancia alcoólica como erradamente pensam. Os cachimbos são feitos da raiz de jurema, tem dia certo para ser arrancada e não é qualquer uma que serve. O maior poder do ritual está na fumaça do cachimbo. Todos os juremeiros mestrados são grandes controladores de eguns, daí dizer-se que eles são babás de eguns. Como no Candomblé, os seguidores da jurema são profundos conhecedores de uma força da natureza conhecida como Ossanha. Desmentem que Zé Pelintra seja Exu e são especialistas em trabalhos de feitiçaria com folhas do mato.

A origem do ritual

Carlos Leal Rodrigues, o babalorixá paraibano, é o responsável pela luta que se trava em defesa da Cidade Sagrada da Jurema. São centenas de metros quadrados a serem preservados pelas autoridades do Estado. Ele fala da origem do ritual:

De origem egípcia e por ser uma invocação dos eguns, quem não souber os meandros do culto arrisca-se à morte. Assim como os egípcios embalsamavam seus mortos para que em uma evocação fosse feita a sua materialização. Na jurema os mestres são sepultados dentro de um ritual de magia e em sua sepultura são plantadas sete sementes de jurema preta ou branca. Um trabalho de um juremeiro não demora mais de 24 horas para dar resultado.

Jurema, a cidade

A Cidade Sagrada da Jurema é constituída apenas de túmulos dos mestres juremeiros, envolvidos por centenas de pés de jurema. Para o culto, os seguidores, obedecendo à Rainha Jurema, não admitem casas cobertas com telhas. Elas têm que se de palha, inclusive as paredes. No centro, um altar com uma estatueta e apetrechos para despachos: uma gaita mestra, um rosário de cachimbo de barro que foi de Maria do Acais Primeira. Aguardente, só quando Zé Pelintra aparece. Alhandra é o país da Jurema. É o berço de Zé Pelintra, santo desse estranho reino e seu mais destacado protetor. Segundo o babalorixá Carlos Leal Rodrigues, ele foi muito perseguido e era fichado na policia como catimbozeiro. Com Maria do Acais, morta em 1937, e mestre Casteliano, falecido em 1923, tomava sempre as providencias possíveis para escapar à ação policial.

A primeira árvore

Nesse estranho mundo que é Alhandra, seu chão é coberto por pés de jurema. Damiana está cansada e quase não trabalha mais no seu terreiro outrora famoso. Ela conta que os praticantes da Umbanda em Alhandra, nome quase místico, se originaram de antigos feiticeiros índios. Crê também que a jurema foi a primeira árvore que Deus criou no mundo. Árvore que causa arrepios nos mais crédulos e estrepadas violentas nos incautos, estava ameaçada pelo progresso que os juremeiros designam de outro mundo, lutando por sua preservação.

O crescimento do culto

A jurema, um árvore centenária, tipicamente nordestina, cresceu de tal forma como cresceu sua seita, reunindo a maior parte dos adeptos do espiritismo na Paraíba. Para a Federação dos Cultos Africanos daquele Estado é importante uma campanha de informações ao público. "Muitas pessoas inescrupulosas – afirma o seu presidente – se dizem conhecedoras do ritual e, através de publicações, ensinam normas erradas e ervas perigosas, até mesmo venenosas, que podem levar à loucura, e até mesmo levar à morte, os curiosos. Um egum mal controlado é altamente perigoso. Nenhum livro que tenha versado até hoje sobre o assunto é reconhecido como oficial, pois um ritual profundo e misterioso não pode ser ensinado em livro e sim através de iniciação por um mestre que tenha suas raízes no Acais ou Alhandra".

Figura 26: Babalorixá Carlos Leal em preparativos para o trabalho de Jurema – Cidade Sagrada da Jurema, Município de Alhandra – Paraíba. Revista *O Cruzeiro*, n. 15, 26 de março de 1975. Autorização D. A. Press S/A.

Figura 27: Carlos Leal e Damiana visitam diariamente os túmulos dos mestres juremeiros escondidos entre galhos e raízes. Revista *O Cruzeiro*, n. 15, 26 de março de 1975. Autorização D. A. Press S/A.

JUREMA – A CIDADE SAGRADA QUE MORREU

Reportagem de Edison Torres
O Cruzeiro, n. 25, 15 de novembro de 1980
Autorização de D. A. Press S/A

A jurema está para a Paraíba, como o Candomblé está para a Bahia. Esta árvore tipicamente paraibana era venerada quase que como uma divindade pelos umbandistas porque seu culto – segundo a tradição dos tabajaras – era tão importante que virou atração turística naquele Estado. A jurema é uma frondosa árvore que impressiona não só pela beleza – alcança mais de 200 anos – mas porque, segundo a crença indígena, possui poderes milagrosos com fluidos benéficos, apresentando na sua parte externa, uma camada de lodo, com que se fazem defumações e banhos de limpeza. De sua casca, flor e folhas são extraídos ingredientes indispensáveis ao preparo de bebidas, banhos aromáticos, solicitado quando se trata de afastar entidades maléficas e fortificar os mestres juremeiros.

Os umbandistas paraibanos são conhecidos como juremeiros e foi no município de Alhandra, há poucos quilômetros de João Pessoa, onde existem frondosas juremas, que eles resolveram fundar uma cidade onde pudessem dar continuidade a sua fé e a denominaram então de A Cidade Sagrada da Jurema. Foi lá que enterraram Zé Pelintra que depois de morto passou a ser a entidade mais discutida do Brasil no terreiro de Umbanda. Lá estão os túmulos de todos os mestres juremeiros da Paraíba, hoje em total abandono porque, segundo um babalorixá carioca que esteve recentemente visitando o local, em Alhandra não existe mais nenhum juremeiro. Todos morreram e lá estão enterrados juntos com outros 14 mestres catimbozeiros, o

Figura 28: Raízes da frondosa jurema testemunhas do catimbó paraibano. *O Cruzeiro*, 25, 15 de novembro de 1980. Autorização D. A. Press S/A.

que significa também que "Jurema – a Cidade Sagrada está morta".

Os juremeiros da Paraíba faziam questão de dizer que "na Jurema não existia o homossexualismo, talvez para que o visitante não tivesse a mesma impressão do Candomblé praticado por um grande número de homossexuais em todo o Brasil". Para a celebração de seu culto, era preciso uma iniciação e consagração que começava como discípulo, tirador da jurema, preparador de junça, firmador de toadas, flor de mesa e finalmente mestre, transcorrendo esse ritual ao som de apetrechos como o maracá, o cachimbo, a sineta e a gaita. Seu folclore é rico e as informações vão desde a preparação da bebida oficial que é o vinho de jurema – que apesar de deixar a pessoa tonta não contém álcool – até a confecção dos cachimbos com raiz da jurema – com dia certo para a colheita e não é qualquer raiz que serve – acentuando-se que o maior poder do ritual está na fumaça do cachimbo porque todos os juremeiros mestrados eram grandes controladores de eguns e quem não soubesse os meandros do culto, arriscava-se à morte.

Figura 29: O Babalorixá Carlos Leal em frente ao túmulo do Zé Pelintra – Cidade Sagrada da Jurema, Município de Alhandra – Paraíba. *O Cruzeiro*, 25, 15 de novembro de 1980. Autorização D. A. Press S/A.

Há algum tempo, a Federação dos Cultos Africanos da Paraíba se empenhou para que somente as informações certas fossem levadas ao conhecimento do publico, uma vez que, segundo seus dirigentes, pessoas inescrupulosas se diziam cultuadoras e conhecedoras do ritual e através de publicações, ensinavam normas erradas indicando ervas perigosas e até mesmo venenosas que poderiam levar os curiosos à loucura e à morte. E alertavam ainda mais dizendo que um egum mal controlado era perigoso e nenhum livro que até hoje tenha falado sobre o assunto, poderia ser reconhecido como oficial, pois aquele ritual, profundo e misterioso, só poderia ser ensinado através de uma iniciação profunda com um mestre que tivesse suas raízes em Alhandra.

O Rei de Alhandra

O culto à jurema ainda continua em todo o Estado da Paraíba, mas a Cidade Sagrada não existe mais, morreu sepultando o ultimo de seus praticantes no município de Alhandra. Este era considerado o país da jurema, berço de Zé Pelintra, segundo os juremeiros, um santo desse reino estranho e seu mais destacado protetor:

Estou chamando o Zé Pelintra
Para com ele trabalhar
La vem Zé, lá vem Zé
La vem Zé do Juremá

Mas quem foi Zé Pelintra? Descendente dos Tabajaras, José Alves de Aguiar – seu verdadeiro nome – era filho da índia Tuiara e do escravo negro Ambrozio Aguiar. Nascido em Estiva, município de Alhandra em 1808, para uns e 1813 para outros, viveu sempre como agricultor trabalhando em propriedades particulares e nas horas de folga tinha como orientador o índio Inácio de Barros, que pregava a cultuação dos espíritos que se tornavam mestres, pela força de sua mediunidade.

Um médium desconhecido que conheceu Zé Pelintra e que dedurava os umbandistas classificados no fichário policial como catimbozeiros, disse certa vez que ele era muito perseguido juntamente com Maria do Acais falecida em 1937 e Mestre Casteliano, morto em 1923, duas divindades do ritual. Hoje, Zé Pelintra além de entidade muito discutida na área espiritual, é considerada a mais pornográfica e tomadora de cachaça dos terreiros de Umbanda.

A Rainha do Acais

Outro famoso reduto da Jurema era sem dúvida, Acais

o império de Dona Maria, visitada em outros tempos por personalidades que iam à busca de vitória nos renhidos pleitos eleitorais. Diz a pesquisa que de Maria do Acais até hoje, já se sucederam três gerações e com elas tantas Marias, como Maria do Acais Primeira, cujo nome verdadeiro era Maria Gonçalves de Barros, falecida em 1910; Maria do Acais Segunda, batizada como Maria Gonçalves Guimarães, falecida em 1937 e Damiana da Silva, também Maria por força da Jurema.

Figura 30: Mestra Maria do Acais. Revista *O Cruzeiro*, n. 25, 26 de outubro de 1980. Autorização D. A. Press S/A.

Damiana, antes de morrer, já cansada e sem poder mais trabalhar no seu terreiro outrora famoso, dizia que muita gente lhe visitava e não podia mais trabalhar para os que lhe procuravam. Dizia que os praticantes da Umbanda em Alhandra, nome quase místico – se originaram dos antigos feiticeiros índios e que a jurema tinha sido a primeira árvore que Deus plantou quando criou o mundo.

O túmulo dos mestres

O chão de Alhandra estava coberto por grandes pés de jurema, sobre os túmulos indicando o local onde estavam sepultados os mestres como Heron e Salomé, Rosalina, João de Alhandra, Dondom, Pinicapau, Coqueiral, Cadete, Carlos de Barros, Francisco de Alhandra, Tertuliano, Maria do Acais e o próprio Zé Pelintra.

O local, certa feita foi ameaçado de se transformar em pastagem de gado, mas a interferência da Federação dos Cultos Africanos da Paraíba, da qual o babalorixá Carlos Leal Rodrigues, era seu presidente, conseguiu na época, junto a Secretaria de Divulgação e Turismo do Estado, que ali se construísse a Cidade Sagrada da Jurema que passou a ser dirigida pelo Mestre Adauto Ferreira de Paula, homem simples e inteligente e que era um dos grandes conhecedores dos segredos da jurema, do angico e do manacá. E, antes de morrer, na cidade não se construía casa de telha, porque segundo a tradição, casa para sessão da jurema tinha que ser de palha, assim como as paredes. Em seu interior, só um altar no centro, com uma estatueta e apetrechos para despacho – uma gaita mestra, um rosário de cachimbos de barro que pertenceu a Maria do Acais Primeira. Aguardente durante os cultos, só quando Zé Pelintra aparecia.

O ritual

Nos terreiros de Alhandra, antes do ritual e da invocação, eram preparadas bebidas em gamelas especiais que os mestres bebiam depois de incorporados. Durante a sessão todos se sentavam no chão ao lado de uma mesa forrada com toalhas brancas adornada por jarros com flores sempre brancas. Também no interior do terreiro, pedras dos rios, copos com água, velas brancas, objetos de prata antiga, raiz da jurema, fumo de rolo e o crucifixo como símbolo do poder religioso. Outro grupo era formado pelos discípulos ladeando o mestre que iniciava preces aos poderes divinos, advertindo os presentes para que se concentrassem apenas com bons pensamentos e dizia:

Oh! Tupererê
Oh! Tupererá
E mestre da jurema
Vem para trabalhar

Começava depois a abertura da mesa, ou o chamamento do mestre dentro do ritual juremeiro, aproximadamente às quatro horas da manhã, antes de o sol raiar. Depois, reunindo todos os adeptos, a invocação final:

Vinde, vinde Jurema
Jureminha minha
Jurema sagrada
Jurema Rainha

O folclore juremeiro

É muito vasto o folclore do catimbó paraibano e muitos são os mestres outrora famosos e que hoje estão enterrados na Cidade Sagrada abandonada e praticamente morta porque seus adeptos de Alhandra já desapareceram. É interessante a pesquisa realizada pelos estudiosos do assunto, conseguindo levantar dados relacionado com a biografia de alguns dos mestres juremeiros sepultados na Cidade Sagrada da Jurema como por exemplo, Joana Linho do Santos, vulgo Joana Pé de Chita, mestre juremeira que morava na cidade paraibana de Santa Rita e morreu no de 1939; Maria Gonçalves de Barros, conhecida pelo apelido de Maria do Acais, mestre juremeira nascida a 13 de janeiro de 1819 e falecida em 1937. Morava em Acais, município de Alhandra onde possuía terras que lhe foram doadas por D. Pedro II em 1867. Sabe-se que ela construiu uma igreja particular no Acais para esconder da policia, o ritual da jurema; Tertuliano Gonçalves Guimarães, vulgo Mestre Tertuliano, juremeiro, parente de Maria do Acais, um dos fundadores da jurema, falecido em 1813; José Vicente, vulgo Malunguinho, nascido em Mina Nova em data ignorada, era considerado o mais bravo de todos os mestres; Emanoel Cavalcanti de Albuquerque, conhecido pelo apelido de Manoel Maior do Pé de Serra, por ter 1,95 m de altura e morar ao pé de uma serra. Foi discípulo de Malunguinho e Zé Pelintra, dono de engenho de gado, era conhecido porque tinha dezenas de cães que o seguiam para qualquer lugar. Natural da cidade de Bom Conselho, viveu algum tempo em Cacimba das Panelas. Considerado um dos mais fortes e poderosos espíritos da jurema, faleceu em 1926 aos 114 anos de idade, Carlos Gonçalves de Barros, vulgo Mestre Carlos, filho de Chico de Pau e Toinha de Lourenço, nasceu em 1850 falecendo aos 82 anos de idade. Dono da cidade astral de Bom Juremá, foi responsável pelo controle dos atos de Mestre Zé Pelintra para que o mesmo não praticasse o mal; José Alves da Silva, vulgo Zezinho do Acais, morreu em 1968 com 114 anos de idade, filho de Tuiara e pai ignorado, foi "flor de mesa" e afilhado de Maria do Acais. Foi o único homem discípulo de Maria do Acais e sabe-se que alguns de seus pertences estão hoje no terreiro do Ilè do Axé de Egun, no Rio de Janeiro; finalmente, José de Aguiar, vulgo

Zé Pelintra o mestre que mais viajou pelo interior nordestino justificando a fama que adquiriu. Sabe-se que na época representava uma missão naquela região.

Um pouco de história

O culto místico nesse mundo mágico da Umbanda, o Catimbó para o paraibano, cheio de fascinações e mistérios, veio da África para o Brasil tendo origem na Paraíba, na Cidade Sagrada da Jurema, hoje abandonada e morta. Diz a lenda que o culto veio "com a formação religiosa do ser humano em respeito ao Pai Criador que determinou a Adão a multiplicação do seu ser, juntando-se a Eva, gerando-se daí seus filhos Caim e Abel. E logo que chegou ao Brasil foi pesquisada por Nina Rodrigues e os pretos escravos que realizavam os cultos escondidos dos senhores brancos. Logo depois da libertação espalharam-se pelo interior do Brasil que por ser de origem africana cultuavam em sua língua dando o nome de Candomblé e a cultuação Nagô, Angola e Moçambique. Mas, foram os índios brasileiros pela invocação dos espíritos de pessoas mortas e não dos Orixás que inspiraram o Catimbó, um derivado da Umbanda e que é mais conhecida como religião da Jurema em homenagem às grandes árvores de Alhandra e que segundo os juremeiros teria sido a primeira criada por Deus.

A cidade morta

Hoje, onde existiu a Cidade Sagrada da Jurema em Alhandra, está apenas uma árvore única testemunha dos túmulos dos grandes mestres juremeiros a derramar, entre suas copas, um liquido que, segundo as pessoas que visitam o local nada mais é que lágrimas em memória dos que ali estão enterrados. Ela chora, como choram todos os adeptos da jurema pelo completo abandono em consequência do desaparecimento dos últimos remanescentes do Catimbó paraibano no lugar que outrora era considerado o "país da jurema".

Talvez, reste ainda, de vez em quando o desabafo do babalaô Carlos Leal Rodrigues, presidente da Federação dos Cultos Africanos da Paraíba, que dizia: – todo cachaceiro de fama e todo catimbozeiro que se preza, não inicia uma farra antes de oferecer a Zé Pelintra o primeiro gole de cachaça, despejando uma porção na terra. Ainda hoje, a entidade que resultou do velho e sofrido agricultor de Alhandra, é alcoólatra e diz palavrões como uma forma de desabafo contra os que o oprimiram aqui na terra.

Cabem aqui algumas citações importantes sobre o Sítio de Acais.

Encontramos no site http://paraiba.pb.gov.br:

> O Conselho Deliberativo do Instituto do Patrimônio Histórico e Artístico do Estado da Paraíba vivenciou, esta semana, um momento ímpar na sua história: a presença na sala de reuniões dos interessados no processo, a emoção dos conselheiros que avaliaram o parecer do relator Kleber Moreira, representante da APAN, e, ao final da sessão, os aplausos à decisão de aprovar, por unanimidade, o tombamento do Sítio Acais, localizado no município de Alhandra.

No site http://lassuncao.blogspot.com.br podemos ler:

> Em 30 de setembro de 2009, às 15 horas, na sede do Instituto do Patrimônio Histórico e Artístico do Estado da Paraíba - IPHAEP, o Conselho Deliberativo do IPHAEP (Instituto do Patrimônio Histórico e Artístico do Estado da Paraíba) aprovou por unanimidade o tombamento do Sítio do Acais, localizado no município Alhandra, no litoral sul do estado da Paraíba. A decisão é considerada histórica em função de ser uma luta travada por umbandistas, juremeiros e juremeiras de todo o Brasil desde a década de 70 e por ser também o primeiro tombamento em solo paraibano sob a guarda das Religiões de Matriz Afro-Indígena-Brasileira. O sítio do ACAIS, nos anos 30, foi habitado por antigos benzedores e juremeiros. Maria do Acais, Zezinho do Acais, Mestre Flósculo, eram visitados e solicitados por pessoas de todas as partes do mundo para trabalhos de cura. As terras foram passando de geração a geração na família até que foram vendidas. Desde então este sítio tem sido alvo de destruição da memória dos Juremeiros e da cultura paraibana em sua essência e hoje se encontra em estado lamentável.

Vejamos o depoimento de Carlos Sales: "Pena que a intolerância religiosa transformou tais espaços sagrados em Alhandra em um campo de plantação onde se cultivam flores e frutas. O sitio do Acais, mesmo tombado pelo Governo Federal, foi ao chão na mão dos evangélicos".

Figura 31: Casa de Maria do Acais. https://mestreneto.wordpress.com.

Figura 32: Maria do Acais. https://juremadoriograndedonorte.wordpress.com.

QUANDO AS PROFECIAS VÃO POR ÁGUA ABAIXO

Diamantino Fernandes Trindade

Acautelai-vos quanto aos falsos profetas.
Mateus 7

Em 1982 Tancredo de Almeida Neves foi eleito governador de Minas Gerais. No período em que ele governou o Estado, houve uma grande agitação em prol do movimento "Diretas Já", em uma ação popular que mobilizou o país e pregava as eleições diretas para Presidente da Republica. Com a derrota da emenda Dante de Oliveira, que instituía as eleições diretas em 1984, Tancredo foi o nome escolhido para representar uma coligação de partidos de oposição reunidos na Aliança Democrática.

Em 1984, aceitou a proposta de se candidatar à Presidência da República e em 15 de janeiro de 1985 foi eleito pelo voto indireto do colégio eleitoral por uma larga margem de votos. Foi primeiro civil Presidente da República após a ditadura militar. Tancredo firmou com os brasileiros, que foram às ruas lutar pelas eleições diretas, o compromisso de virar a página da história do Brasil, colocando fim a ditadura militar.

No dia 14 de março foi acometido de intensas dores abdominais sendo internado, 12 horas antes da posse, no Hospital de Base em Brasília, onde se submeteu a uma cirurgia. O diagnóstico oficial foi "diverticulite". No dia 15 de março, no lugar de Tancredo assumiu, de forma interina, a Presidência da República o vice-presidente eleito, José Sarney. A maioria dos brasileiros acreditava em sua recuperação e torciam e rezavam por ele.

Duas mães de santo famosas do Pará fizeram previsões que garantiam a saúde e um governo brilhante para Tancredo como podemos ver na matéria do *Diário do Pará*, número 735, de 28 de março de 1985.

MÃES DE SANTO GARANTEM A SAÚDE DE TANCREDO

Não há qualquer trabalho de magia negra contra o presidente Tancredo Neves. Foi o que garantiu ontem "Mãe Celina", vice-presidente do Ritual da Federação Umbandista do

Pará e da Associação dos Amigos e Iemanjá, uma das mais conceituadas umbandistas do nosso Estado. Essas afirmações são dadas com base nos seus búzios e cartas por ela já consultados, que atestam serem estas notícias, meros boatos e sem nenhum fundamento.

As perspectivas são que Tancredo Neves assuma o cargo que lhe foi confiado até o dia 20 de abril próximo. Entretanto, diz a umbandista, outras doenças acometerão o nosso presidente, e por isso ele deve ter muito cuidado. Todas estas doenças, no entanto, serão para tratamentos médicos e não de umbandistas, já que não há magia negra e no contexto, "Mãe Celina" explica que mesmo que alguém estivesse fazendo esse tipo de trabalho contra o presidente, não surtiria efeito, porque milhares estariam (como estão) fazendo em benefício de sua saúde.

Corrente

Disse ainda "Mãe Celina" que está fazendo uma forte penitência, todos os dias, das 22 às 23 horas, com vistas a que seja alcançado o restabelecimento da saúde de Tancredo Neves, fato que será conseguido, garante "Mãe Celina". E o nosso presidente irá fazer um excelente governo no Brasil, no atendimento dos anseios de toda nação.

No Maranhão

Sobre as explicações de que estaria havendo umbandistas trabalhando contra o presidente, no Maranhão (não se sabe o porquê dessa possibilidade), "Mãe Celina" também desmentiu categoricamente, afirmando ter muitos amigos de influencia na Umbanda maranhense, e todos eles já foram por ela consultados, e a informação foi unanime de que por lá nada de mal está sendo praticado, nesse sentido, em prejuízo da saúde do nosso presidente. Muito ao contrário, no Maranhão, como no Pará em outros Estados brasileiros, há correntes de fé em intenção do pronto restabelecimento da saúde de Tancredo Neves. E para quem tiver qualquer duvida quanto a isso, ela colocou à disposição, para quem quiser checar a informação, o telefone 098-223452. É automático da residência do "Itabajara", filho de um dos maiores pais de santo já existentes no Maranhão. Trata-se do "Zé Negreiro", já falecido.

"Itabajara", também está trabalhando pela saúde do nosso presidente, e "Mãe Celina" garante que se estivesse havendo qualquer serviço em contrário, no Maranhão, ele imediatamente denunciaria.

Mamãe "Nenê Gaia"

Para a presidente da Federação Umbandista do Pará, "Nenê Gaia", o presidente Tancredo Neves irá se restabelecer como toda a nação espera, vai governar o nosso país com garbo e fazer além da expectativa, pelo povo da sua terra. Para ela foi grande a surpresa com o agravamento da saúde do nosso presidente, às 5:30 horas de terça feira. Imediatamente ela recomeçou sua penitencia em intenção da recuperação de Tancredo Neves.

Na previsão de "Mamãe Nenê Gaia", a saúde do presidente vai voltar com muita firmeza, conforme dizem as forças espirituais. Ressaltou que toda a Umbanda do Pará terá muita alegria quando chegar o dia em que Tancredo Neves assumir o comando da Nação. Ela particularmente vai fazer uma bonita festa na sua residência para comemorar o evento histórico. Disse também, não acreditar na possibilidade de alguém estar fazendo trabalhos de magia negra contra a saúde do presidente. Mas não se arrisca a descartar totalmente esta possibilidade, argumentando que assim como há pessoas de bom coração, há também aquelas que vivem para prejudicar o seu semelhante. Ela garante, isto sim, que em Belém não existe nenhum centro trabalhando contra Tancredo Neves. Todos torcem por ele.

"Mamãe Nenê Gaia", também afirma que o presidente Tancredo Neves, governará ajudando muito as crianças, os operários e outras categorias carentes.[2]

E as profecias das mães de santo? E a saúde do presi-

2 Após 38 dias de sofrimento, e sete cirurgias, Tancredo faleceu de infecção generalizada, no dia 21 de abril. Quem assumiu foi seu vice, José Sarney. Para o professor da Universidade de Brasília e cientista político Flávio Britto, Tancredo era a esperança. Segundo ele, sua morte acabou com o sonho de milhões de brasileiros que aguardavam as mudanças prometidas em campanha. A notícia da morte dele foi muito impactante. Havia uma união de solidariedade pela recuperação do presidente eleito. Todos torciam pela recuperação dele.

dente que ia voltar com muita firmeza, conforme diziam as forças espirituais, e iria fazer um excelente governo no Brasil, no atendimento dos anseios de toda nação?

Acautelai-vos quanto aos falsos profetas.
Mateus 7

ESPETO CORRIDO

Crônica de Nireu José Teixeira na coluna Espeto Corrido
Correio de Notícias, n. 1154, 27 de abril de 1985

Figura 33: Desenho de alegoria representando um Caboclo e uma oferenda. *Correio de Notícias*, n. 1154, 27 de abril de 1985.

Ele andava com a vida enleada. As coisas não davam certo. Todas as suas iniciativas não tinham êxito. A vida em casa não estava boa. Quando começou a ler horóscopo, antes de ir para o trabalho. Viu que assim não podia continuar. Contou suas preocupações a um amigo. Este, com muita cautela, lhe explicou que frequentava uma tenda de Umbanda, onde encontrara conforto espiritual e moral para prosseguir. Comprometeu-se a levá-lo perante o responsável pelo terreiro. Ele concordou. Lá foram eles para uma entrevista. De fato o Preto Velho era uma fortaleza de serenidade e bom senso. Fez seus trabalhos e deu um único conselho: "Você precisa rezar muito. Não só pelos amigos. Principalmente pelos inimigos. Feito isso sua vida irá melhorar". Quando saíram, no carro, ele disse: "Para você isso pode ser muito fácil. Para mim é difícil. Se eu começar a rezar pelos meus inimigos, começo as dez e vou terminar ali pela meia noite". O outro foi inflexível: "Mas essa é a solução. Pelo menos experimente uma semana". Ele prometeu. Passados três dias, foi interpelado pelo companheiro: "Como é tem rezado direitinho?"

– Tenho. Dentro do possível é claro.

– Como dentro do possível?

– Nos primeiros dois dias, tudo bem. Ontem, contudo, já pulei três.

O amigo mostrou-se inflexível: "Você não quer melhorar de vida? Então reze certo. Para todos os inimigos".

Na semana seguinte, antes que o outro perguntasse ele foi explicando: "Olha. Pensei muito. Minha vida não está tão ruim". Prefiro continuar assim. "É melhor do que rezar por aqueles patifes".

CARTEIRINHAS A PAIS DE SANTO

Correio de Notícias, n. 1646, 11 de dezembro de 1986

Brasília – A partir de ontem está terminantemente proibido qualquer tipo de despachos de Umbanda e Candomblé e de outras seitas nas vias publicas. A determinação foi publicada, ontem, no Diário Oficial da União. Além disso, todo chefe de terreiro e médium fica obrigado a se documentar com carteiras e alvarás de licença, para os fins de direito, ressaltando-se que as carteiras deverão ser honradas com dignidade e merecimento, pois nem todos poderão possuí-las.

Para fins de regulamento das tendas e terreiros, cabanas, Candomblé, Catimbó e qualquer "tipo de magia a bem do ser humano", o Diário Oficial da União publicou ainda a criação dos conselhos federal e regional espírita de Umbanda Esotérica e Candomblé, que serão sediados, respectivamente, em Brasília e nos Estados brasileiros.

A ordem proibindo os despachos nas vias públicas e criando a carteira para chefes de terreiros e médiuns e os conselhos foi determinada pela Academia Federal Superior de Umbanda Esotérica e Espiritualista.

A Academia Federal Superior de Umbanda Esotérica Espiritualista e Candomblé tem por objetivo principal, cultuar a doutrina do Cristianismo Universal e desenvolver a moral, material e espiritualmente a tantos quantos dela se aproximar, principalmente, informar a respeito da cultura adotada e administrada pela academia. Há amparo legal constituído para inclusão de manifestações culturais provindas da cultura afro-brasileira com sede e fórum no território Nacional e Internacional.[3]

Ela foi criada com a finalidade de defender o patrimônio cultural, social, artístico, religioso e filosófico das manifestações provindas da cultura afro, afro-brasileira, esotérica, mística e espiritualista.

Essa associação visa oferecer aos seus associados assistência médica, jurídica e odontológica e também resguardar a prática das atividades religiosas, amparadas pelos Artigos 5°, parágrafo VI da Constituição da República Federativa do Brasil.

Art. 5° Todos são iguais perante a lei, sem distinção de qualquer natureza, garantindo-se aos brasileiros e aos estrangeiros residentes no País a inviolabilidade do direito à vida, à liberdade, à igualdade, à segurança e à propriedade, nos termo seguinte:

VI - É inviolável a liberdade de consciência e de crença, sendo assegurado o livre exercício dos cultos religiosos e garantida, na forma da lei, a proteção aos locais de culto e a suas liturgias.

Filiando-se a AFSUEEC, o Centro Espírita de pessoa física receberá um alvará de licença e funcionamento, carteiras de membros e diplomas de acordo com a sua função sacerdotal de seus integrantes no templo religioso. Para transferência do Centro Espírita de pessoa física para jurídica, deve-se registrar a devida documentação em um cartório de títulos solicitando a modificação.

Esta carteirinha de identificação é válida em todo territó-

3 Nota: As finalidades da Academia Federal Superior de Umbanda Esotérica e Espiritualista são descritas no site da instituição: http://afsueec.blogspot.com.br

rio nacional, tem como objetivo identificar o integrante de determinado Centro Espírita bem como descrever a qual entidade religiosa o membro pertence, para evitar questionamentos e ou constrangimentos quando estes forem realizar trabalhos em locais como: cemitérios, encruzilhadas ou matas.

Percebe-se que a União atendeu um pedido da instituição e generalizou para todo território Nacional. Vejamos a opinião do Dr. Jayme Weingartner Neto, Promotor de Justiça no Rio Grande do Sul:[4]

> O sacrifício ritual de animais, prática tradicional (não exclusiva) das religiões afro-brasileiras, é alvo de muita polêmica social e alguma controvérsia jurídica. Defendo a existência de um direito à liberdade religiosa como um todo, consagrado na CF/88 como um feixe de posições jusfundamentais (identifico mais de 80), radicado em diversos dispositivos textuais e aptos a harmonizar a maximização da inclusividade (acolher as confissões religiosas minoritárias), com a tolerância ao fundamentalismo-crença e o bloqueio ao fundamentalismo-militante. Antecipo minha conclusão: a prática, em si, em condições usuais, está evidentemente amparada pelo direito constitucional; todavia, como aliás qualquer direito, não sendo absoluta, é passível de restrições e limites, notadamente em função do meio ambiente e da saúde pública. Figure-se um "despacho" que resulta em carcaça deteriorada de animal em plena artéria urbana, por onde circulam milhares de pessoas, ou a cumulação inadequada de dejetos numa fonte de água que suaviza nossos campos ou parques.

Em 10 de dezembro de 2013, o prefeito do Rio de Janeiro, Eduardo Paes, sancionou uma lei (Projeto do Vereador Atila Nunes) que beneficia aqueles que fazem oferendas nas vias públicas e nas praias. A denominada *Lei do Axé*, determina que as pessoas responsáveis por rituais religiosos em locais públicos não sejam alvo das multas aplicadas pelas autoridades municipais envolvidas na operação *Lixo Zero*.

4 "Macumba" em logradouros públicos: posição contrária. 04 de novembro de 2011. http://www.cartaforense.com.br

FESTA DE OGUM

Correio de Notícias, n. 1754, 26 de abril de 1987

Hoje, a Federação Paranaense de Umbanda e Cultos Afro-Brasileiros juntamente com a Secretaria Municipal do Turismo, estará promovendo a Grande Festa em louvor de Ogum, a partir das nove horas da manhã na Praça Oswaldo Cruz. Integrantes da Umbanda e do Candomblé estarão prestando sua homenagem ao Orixá, com a apresentação de danças rituais, entoação de hinos, os pontos, em louvor, com representantes das mais de 700 tendas das duas religiões trajados nas diversas cores dos sete Orixás em homenagem a Ogum, cujo dia é 23 de abril.

Das nove horas da manhã até o meio dia times de diversas tendas estarão disputando partidas de futebol de salão no local, onde também estarão montadas barracas para a venda de doces, salgados e refrigerantes. Além da apresentação de um grupo de capoeira, a partir das 14 horas começa a apresentação de Orixás paramentados, para a grande gira. No encerramento da festa, marcado para as 10 horas da noite, será realizada uma procissão em torno da Praça Oswaldo Cruz, puxada por um andor com a imagem de São Jorge.

Tendas em Curitiba

Apesar de Curitiba não ser considerada um dos maiores centros de concentração dos cultos afro, de acordo com o presidente da Federação Paranaense de Umbanda e Cultos Afro-Brasileiros, Lourival Cordeiro, existem na capital paranaense cerca de 700 tendas filiadas a Federação, que fiscaliza e orienta o seu funcionamento, além de ser a entidade responsável pela sua defesa. Conforme Lourival, cada uma dessas tendas possui uma média de 30 integrantes, o que resulta uma média de 21 mil pessoas atuando como médiuns, somente entre os centros de Umbanda e Candomblé filiados à Federação, fora os seus frequentadores. Ainda de acordo com ele, esses terreiros se espalham por todos os bairros da cidade. Como exemplo, cita a Vila Hauer, onde estão situados mais de 200 deles.

Mostra cultural

A festa que será realizada no domingo será mais uma mostra cultural que propriamente o desenvolvimento de cultos. Paralelamente às danças, puxadas pelos "curimbas", ou tocadores e cantadores dos pontos, tanto da Umbanda quanto do Candomblé, estarão sendo mostrado em uma exposição montada na praça os diversos instrumentos e equipamentos utilizados nos rituais, como os búzios, cartas do famoso baralho *Tarot*, atabaques, entre outros, além dos símbolos que representam os sete Orixás dos dois cultos.

Popularmente apelidados de "macumba", os dois cultos apresentam algumas diferenças entre si. O termo "macumba", inclusive, é incorretamente empregado para denominar os cultos, pois nada mais é que um instrumento musical de origem afro, semelhante ao berimbau, tocado tanto por candomblecistas como por umbandistas nos seus rituais.

Trazidos pelos escravos na época do Brasil colonial, os cultos afro-brasileiros proliferaram em número de seguidores em todos os cantos do País. A origem das tendas ou terreiros vem de senzalas, onde os escravos, onde os escravos para esconder sua verdadeira religião dos senhores montavam altares tendo na parte superior as imagens de santos católicos e, na parte inferior, sob o pano branco que decorava o altar, os otás, pedras de diferentes origens simbolizando os Orixás. Com o passar do tempo, as pedras foram sendo substituídas por imagens, segundo figuras descritas por médiuns videntes, como explica Lourival Cordeiro. Assim, Iemanjá surge como uma mulher sobre as ondas; Ogum, como um guerreiro e assim por diante. No entanto, até hoje permanece o costume de manter sobre o altar figuras de santos católicos, sendo os atuais otás dispostos na parte inferior e encobertos pelo pano branco do congá, ou altar.

Cada Orixá, tanto na Umbanda como no Candomblé, tem seu reino. Na Umbanda, por exemplo, enquanto Ogum é o deus guerreiro, que reina na defesa dos caminhos; o reino de Iemanjá é o mar; o de Oxóssi, deus da agricultura, é a mata; Xangô tem seu reino nas pedreiras; os Pretos Velhos, o reino das almas. Cada um reina sobre uma das forças da natureza, conforme estabelecem os cultos.

FALTA DINHEIRO E SEGURANÇA – SOBRA A ORAÇÃO

Rosimeire Gemael

Correio de Notícias, **n. 1807, 26 de junho de 1987**

Sois infeliz em vossa família ou comércio?
Necessitas descobrir algo que vos preocupa?
Vives nervoso, desanimado e doente sem saber o motivo?
Quereis tirar a embriaguez de alguém?

Ninguém passa hoje por um terminal de transporte do centro da cidade sem receber um volante com um convite explicito para uma vida melhor.

Ele pode vir de um babalorixá, espírita vidente, grafóloga, ocultista, benzedeira ou sortista. O nome não importa. Nem o método. Que pode variar do tarô ao baralho da sorte Soimca, Jioko Papus, palha queimada, café, clara de ovo, búzios ou bola de cristal.

O importante são os serviços oferecidos. Sempre os mesmos. Curas para as doenças físicas complicadas, consertos de casamentos, e principalmente cura para os males da alma, na maioria dos casos com origem na primeira na falta de dinheiro, e revelados em desanimo ou revolta, nervoso, embriaguez ou frigidez sexual, apatia ou agressividade, desemprego e dívidas.

Males da alma

São para estes males os produtos oferecidos nas lojas de Umbanda da cidade. A maior procura neste momento é por produtos como sabonetes, perfume, banhos e defumadores da linha "chama dinheiro" – apelidada de "povo brasileiro", "chama freguês", "vence tudo", "abre caminho" – muito provavelmente dedicada aos últimos ministros da área econômica e "contra todos" – talvez dedicado à maioria dos políticos – mostrando que a maior angustia hoje, por incrível que pareça, não é a AIDS.

Para provar que a procura é grande, há muito mais nas prateleiras da "vida melhor". Desde patuás de proteção que variam da tradicional ferradura, até a figa, pé de coelho, chifre de boi – de preferência pintado de preto e vermelho, a cruz de caravaca, a medalha de Sete da Lira, o patuá de mironga especial, com olho de lobo que enxerga longe e avisa da coisa ruim antes dela chegar, a chave que abre caminho ou o cavalo marinho com a proteção do mar e Iemanjá.

Automedicação espiritual

Segundo José Maria Bittencourt, proprietário de uma das mais tradicionais lojas de Umbanda da cidade, ex-presidente de vários terreiros e membro vitalício do Conselho Nacional Deliberativo de Umbanda, 30 por cento dos fregueses não são umbandistas, mas gente que procura na loja, receitas próprias ou "aviadas" por amigos igualmente curiosos.

É por isso que apesar da imagem de Buda sozinho ou com saco nas costas, prometendo paz ou esta e mais prosperidade, que não faz parte da Umbanda, já ter sido absorvida pela loja, levando leigos à automedicação do espírito na busca de soluções para as aflições do dia a dia.

Crescem os terreiros

Se 30 por cento da clientela das lojas são leigos, 70 são de umbandistas ferrenhos. Curitiba tem hoje, segundo Bittencourt mais de dois mil terreiros, índice altíssimo em relação ao número de habitantes constando entre os mais tradicionais a Tenda de Ogum Megê e Tenda do Pai Joaquim de Angola na Santa Cândida, Zé Pelintra da Boa Vista, Tenda do Pai Nestor próxima ao Cemitério Municipal, Tenda Jerusa do Portão, Tenda Espiritual São Sebastião na Cruz do Pilarzinho, e o mais antigo de todos, do Pai João de Benguela.

Fora isso há ainda pontos firmados nas lojas de Umbanda. No Umbanda Center mesmo há vários. Na porta, o ponto de Maria Padilha é procurado principalmente para resolver mirongas de amor, em troca de oferendas de cigarros e flores, de preferência regados a champanhe.

Exu Rei recebe cigarros, charutos, velas vermelhas e cachaça. Pai João, entidade de muita luz, parteiro, também é reverenciado, assim como Zé Pelintra, afamado por afastar problemas de negócios e falta de dinheiro.

Mas o grande homenageado ali é Exu Veludo que no dizer de Bittencourt, é o verdadeiro dono da casa, "eu sou apenas o zelador, recebedor de muitos favores". No seu ponto está também o Tranca Ruas, "uma verdadeira policia de choque contra os quiumbas que se infiltram em tudo, apenas para perturbar".

Para quem pensa que a troca de favores com divindades se restringe a Umbanda, é bom lembrar que a Igreja Católica também tem suas promessas, penitências, e nos ex-votos a prova mais concreta da paga por graças alcançadas.

Promessa, milagre-voto e ex-voto testemunham a reciprocidade de dons trocados entre o humano e o divino. Através da ação corporal ou oferta material o indivíduo agradece a entidade sobrenatural, que o acudiu em momento de vicissitude.

As réplicas de membros do corpo humano, observadas nos templos egípcios aos textos hoje impressos nos jornais registram a mesma atitude, e ninguém esquece a presença de Santa Clara nos classificados da imprensa de país todo.

As capelinhas ainda passam de casa em casa nos bairros da cidade com a adoração da imagem, e se há despachos nas encruzilhadas, há velas votivas na catedral, promessas nos bancos da Igreja Perpétuo Socorro e na Capelinha do Bom Jesus, além de correntes passando de mão em mão, prometendo graça a quem cumpri-las e castigos a quem interrompê-las.

Não é troco de nada que a benção de carros pelos capuchinhos das Mercês cresce a cada ano, na mesma proporção dos acidentes de transito, e que a devoção a Santa Edwiges, protetora dos aflitos e dos endividados dispara no Ibope do Plano Cruzado, em novenas, missas especiais, santinhos e orações também publicadas em jornais. Sem contar que estamos no mês em que o meio rural mais se regateia com santos, principalmente o Antônio, transformando-o em casamenteiro.

Adoração enrustida

Apesar da profusão de terreiros permanecerem quase no anonimato isto não muda a realidade do crescimento da Umbanda em uma cidade oficialmente católica já com milhares de crentes e seguidores de outras religiões como o Evangelho Quadrangular e o Seicho-No-Iê.

Os atabaques das sextas feiras estão lá, nos mais variados pontos da cidade, semana a semana, marcando o ritmo da fé de milhares de pessoas que não abrem mão de sua crença mas não gostam de revelá-la. Principalmente as pessoas de classes sociais mais abastadas. Que comparecem hoje de montão. Basta verificar o estacionamento dos terreiros.

O mesmo preconceito, ainda que em menor escala acompanha ainda, também, os centros espíritas. Temos em Curitiba centros procurados por celebridades nacionais que vêm aqui em busca, principalmente, dos conhecimentos do lendário Dr. Leocádio Correia.

Fora isso, nossos jornais não dispensam os horóscopos, também incluídos nos programas de maior audiência do rádio e da televisão, e que levante a mão quem nunca foi a uma sortista, mesmo que por mera curiosidade, benzedeira ou passou perto de um tarô.

Curitiba é considerada a capital nacional das benzedeiras. Há mais delas na cidade do que farmácias, nosso segundo recorde, e somos a sede nacional Rosacruz. Só que contida, Curitiba esconde sua convicção e devoção. Muito reservadamente.

Adoração e medo

É por isso que a exposição aberta ontem no hall do Guaira, "Ícones e Fetiches", transcende o acontecimento das artes plásticas.

A mostra é do grupo Transarte, criado há dois anos a partir do Laboratório de Técnicas Bidimensionais do Ateliê Alfredo Andersen, sob a orientação da professora e artista plástica Dalva Lobo.

O grupo hoje é integrado por artistas independentes que levam sua trajetória individual mas continuam pesquisando e propondo juntos em técnicas variadas, assim como são de variadas idades, dos dezoito anos ao "sem limite".

Ícones e fetiches

Em sua quinta exposição o grupo se debruça sobre o tema "Ícones e Fetiches", limitando-se à religiosidade, com uma proposta explicada por Dalva: Há uma relação muito íntima entre aquilo que representamos psicologicamente e o espaço material usado pelo nosso ser. A coexistência destas forças opostas estabelece a criação de um critério absolutamente individual para cada pessoa. Caso não se estabeleça a válvula de escape – ou o sonho – sufoca em maior ou menor grau as tendências ditas livres. Na sociedade esta influência causa a privação de perspectiva (visíveis nos indivíduos extremamente metódicos). A imagem padrão, chamada ícone, passa a ser uma contradição, no sentido de não reter a estrutura ideal, pois está solta, como as fórmulas desenvolvidas para atingi-las, os fetiches.

Cada artista buscou sua própria interpretação para o tema, recriando plasticamente o que vê e sente, intimamente ou a sua volta. A televisão hoje é um ícone, um objeto de adoração, mas preferimos trabalhar a tradição colocando-a em uma linguagem plástica mais contemporânea, diz Dalva. E há na exposição xilogravuras recriando signos do zodíaco, máscaras feitas em casca de árvore, trabalhos em fotografia a partir da imagem de Cristo e muito mais.

Figura 34: O ícone brasileiro. Pintura de Dalva Lobo. Foto de Joel Corizza. *Correio de Notícias*, n. 1807, 26 de junho de 1987.

Altar e congá

Na hora em que acende uma vela, o crente está revelando o medo e a esperança de combatê-lo. Que ninguém diga que não. Isto existe desde que existe o próprio homem.

Primeiro eram as pedras virgens e menires da natureza que na posição vertical simbolizavam os deuses. Depois elas começaram a ser moldadas. Na forma de animais e depois na forma do próprio homem. Em um processo psíquico de projeções inconscientes o homem deslocou sua força interior para essas imagens, tornando-se de alguma forma prisioneiro delas.

E até hoje busca as formas perdidas e, cheio de esperanças, negocia com as imagens seu futuro, acreditando poder regatear com elas, através de orações, velas, flores e alimentos, diz Tulio Alves Ferreira no livro *A Umbanda do III milênio.*

Como a crise hoje está muito braba, com muita gente sentindo-se cada vez menos forte para encará-la, segundo o proprietário de uma loja de artigos de Umbanda, enquanto uns, devotos, passam ali e oferecem cigarros para a imagem do Preto Velho postada na porta, outros, tão desesperados, mas com outras devoções, roubam os tais cigarros, por falta de dinheiro para o próprio pito, que dirá o do próximo.

URUGUAIO PATENTEIA A UMBANDA E BRASILEIROS REAGEM

Correio de Notícias, n. 67, 02 de agosto de 1988

Porto Alegre – Umbandistas de todo o País vão acionar o Itamaraty para que gestione junto ao governo uruguaio no sentido de que seja cancelado o registro comercial das palavras Umbanda e Quimbanda dado um babalorixá daquele país e válido internacionalmente, medida que vem provocando muita revolta entre os adeptos de ambas as religiões, porque, a partir de agora, precisarão pagar *royaltys* pela utilização das expressões.

A informação foi dada ontem, em Porto Alegre, pelo presidente da União de Umbanda do Rio Grande do Sul (Estado onde existem oito mil terreiros). Ailton Albuquerque, também conhecido como Ailton de Oxum, preocupado com a concessão do registro dado pelo Ministério da Indústria e Energia uruguaio e publicada, recentemente, no Diário Oficial daquele país.

"A medida só visa tumultuar, pois não se pode, por exemplo, imaginar o pagamento da marca Jesus Cristo", criticou ele. No entender de Ailton, o registro é um desrespeito à Umbanda (culto que se caracteriza pela cor branca das vestes de seus fiéis, perfumes, doces e também é simbolizado pelo Preto Velho) e a Quimbanda (caracterizada pelas cores vermelho e preto e pelos símbolos de Pombagira e Exu).

O registro comercial das palavras Umbanda e Quimbanda, cultos afro-brasileiros muito ligados às tradições populares do País e que vem alcançando também um grande desenvolvimento na Argentina e Uruguai (somente neste país há cinco mil terreiros), foi obtido pelo babalorixá Armando Austeberio Ayala Grabino.

Uma jogada puramente comercial para tumultuar tudo, embora ele negue e explique que sua atitude visa apenas fabricar algum produto, como defumadores, explicou Ailton de Oxum, inconformado com deferimento do pedido, que "vai abranger tudo ligado às nossas religiões".

Além de acionarem o Ministério das Relações Exteriores, através do Conselho Nacional Deliberativo da Umbanda (dos cultos afro-brasileiros), os umbandistas já enviaram manifestações de protestos ao ministério uruguaio, através do Conselho da Religião Afro-Brasileira e da União de Umbanda do Rio Grande do Sul. Solicitando, como medida de justiça, que cancelem o registro. Uma ação na justiça uruguaia também foi protocolada pela revista *Umbanda em Marcha*.

A UMBANDA NO CAMPUS UNIVERSITÁRIO

Correio de Notícias, n. 186, 07 de janeiro de 1989

A Umbanda é uma fé que vem aumentando consideravelmente: – "quando comecei na Umbanda, em 1944, a cidade tinha apenas quatro terreiros, em condições de verdadeira clandestinidade. Para se ter uma ideia, quase fui preso pela condição de umbandista, pelo preconceito de vizinhança que temia o canto, a dança e o atabaque", afirma o Senhor José Maria Bitencourt (antigo chefe de terreiro e ex-presidente da Confederação Paranaense de Umbanda).

Em 1970, apesar da cidade já contar com mais de mil terreiros, a situação ainda suscitava sérios problemas: o Pai de Santo foi fichado pelo SNI por se tratar de um líder religioso de uma religião considerada pouco ortodoxa e, pelo menos para o SNI, marginal.

Isto porém não impediu que a Umbanda literalmente se espalhasse. O número de terreiros hoje deve pelo menos ter dobrado. Só não há informações corretas apenas porque o último presidente da Confederação, o grande umbandista Edmundo Ferro, da Tenda de Umbanda São Sebastião, que tinha os dados, faleceu. Mas a situação deverá ser levantada no próximo mês, com a convocação, pela imprensa, de todos os terreiros, para nova eleição.

Há, porém, dados que desenham o avanço da Umbanda. "Só de médiuns atuantes, posso citar pelo menos três que são militantes, diz o Senhor Bitencourt lembrando Edgar Fontoura, Nana Sondal e Breno Trauí. A religião hoje está presente em todas as faixas econômicas e culturais".

A última duvida a respeito pode ser dirimida por um argumento irrefutável: Curitiba com certeza é a primeira cidade brasileira a levar a Umbanda para dentro de um centro universitário. É na Faculdade Espírita, onde funciona o Instituto de Estudos Religiosos Afro-Brasileiros com um terreiro-escola dirigido por um dos sobrenomes mais tradicionais da cidade: Guimarães.

Apesar disso, e do sucesso do livro de Fritjof Capra, autor do *Tao da Física* e depois *O Ponto de Mutação*, propondo a reconciliação da alma e do espírito humano e o futuro que está por acontecer – há quem trate a Umbanda como "coisa de macumbeiro", termo usado em sentido absolutamente pejorativo.

O Senhor Bitencourt, que já conheceu tempos difíceis, afirma com tranquilidade: "pura ignorância de quem não sabe nem que macumba é apenas nome de uma dança".

O SANTO DE SEU SETE DA LIRA

Adão Lamenza
O Aniversário do Rei

Treze de junho de 1938. O dia sagrado em homenagem a Santo Antônio era, coincidentemente, o aniversário de assentamento de Seu Sete da Lira no Terreiro de Mãe Cacilda de Assis. O dia marcado por festa com direito a fogueira, fogos, barraquinhas, quadrilhas, bandeirinhas e balões era uma gira

Figura 35: Símbolo de Seu Sete da Lira. Imagem do acevo de Adão Lamenza.

muito especial. Sem esquecer o ritual protocolar de cumprimentos dos fiéis ao poderoso Guardião, Seu Sete adentrava a nave central da Lira onde era recebido e saudado entre aplausos e orações. A orquestra tocava a sua, já clássica, música comemorativa de seu aniversário.

Parabéns, parabéns vamos cantar; Pra você de todo coração;
Pela data do seu aniversário, que nos trás agradável emoção;
Este dia que seja pra você um jardim de rosas multicores;
E que seja abençoada a sua vida; E que os céus lhe dê as glórias merecidas;
Nós, os amigos seus, todos pedimos a Deus; Que você vá ao centenário;
Parabéns Sete da Lira, parabéns; Pela data do seu aniversário.

SÓ O BEM TEM O PODER DE CONSTRUIR

A frase, insistentemente, dita por Seu 7 da Lira retratava fielmente essa grande entidade de luz que cumpriu sua missão com honradez e notável altivez. O Guardião que se tornou notoriamente uma verdadeira celebridade há décadas atrás vinha de uma Umbanda tradicional Omolokô e que hoje em dia, praticamente, não existe mais. Passou com louvor nas chamadas "provas de fogo", que era uma espécie de seleção que dava a entidade legitimidade. Entre seus ensinamentos? "Fazer o bem, sem olhar a quem..." Em sua gira só se percebia alegria e fé em uma corrente que era o mais puro amor. O Pino da Hora Grande! Entre o silêncio absoluto que pairava nesse momento, podíamos ouvir o estrilar dos grilos, os acordes de um violão e a voz de um Rei. Voz essa que acolhia a todos, sem distinção, confortando desde os mais aflitos até os mais serenos. Cruzou décadas realizando curas e tentando aliviar as mazelas do mundo terreno. Seu pedido? FÉ, RESPEITO E COMPREENSÃO!

BENTO DO PORTÃO E PAO JOÃO MARIA AGOSTINHO

Bento do Portão

Antonio Bento, mais conhecido como Bento do Portão, nasceu na Bahia, em 29 de janeiro de 1875. Viveu no bairro de Santo Amaro, na cidade de São Paulo como mendigo e curandeiro. Fazia diversos trabalhos para os moradores da região, como cortar lenha e carregar água, em troca de um prato de comida, um cigarro de palha e até mesmo uma bala. Quando a fome era intensa, sentava nos degraus das entradas das residências e logo recebia algo para comer – daí o nome Bento do Portão.

Andrezza Carvalho Arnone cita:

> Homem simples e caridoso, Antonio Bento era admirado por crianças e adultos. Mas, naquela manhã de 1917, antes mesmo de receber seu pedaço de pão e sua xícara de café trazidos todos os dias por uma moradora, foi encontrado morto, aos 42 anos, próximo à entrada principal do cemitério de Santo Amaro. Pessoas da região dizem que, sete anos após sua morte, ao ser feita a exumação de seu corpo, este se encontrava intacto, sem nenhum sinal de decomposição. Muitos milagres são atribuídos ao santo Santamarense. O primeiro deles ocorreu no dia dois de fevereiro de 1922 quando uma mulher, precisando amputar as duas pernas, pediu-lhe ajuda e teve seu desejo atendido, livrando-se da operação. Antônio Bento tornou-se conhecido em Santo Amaro e até mesmo em outras cidades. Segundo o administrador do cemitério, aproximadamente 700 devotos visitam por mês seu túmulo. Sempre às segundas-feiras é organizado um terço e às terças-feiras uma novena para reverenciar sua memória, fazer pedidos, orações e render-lhes homenagens. Em seu túmulo podemos encontrar centenas de placas e fotos de graças alcançadas.
> http://www.sampaonline.com.br

Em oito de julho de 2002, foi inaugurado um memorial em seu nome no cemitério de Santo Amaro, onde está sepultado desde 29 de junho de 1917. Muitos umbandistas cultuam Bento do Portão.

Pai João Maria Agostinho

Pai João Maria Agostinho é uma entidade que trabalha como Preto Velho de Umbanda. Nasceu em Turim, Itália com o nome de Giovanni Maria D'Agostini. Lendas dão conta que podia estar em dois lugares ao mesmo tempo, fenômeno conhecido como bilocação. Edmundo Pellizari cita:

> É também conhecido como Frei João Maria, é na verdade um BRANCO VELHO. Seu culto é muito intenso na região de Sorocaba, Estado de São Paulo, sobretudo em Araçoiaba da Serra, onde tem uma espécie de religião independente devotada a ele. Viveu na região da mata de Araçoiaba como eremita em uma gruta, em um lugar conhecido como PEDRA SANTA. Existem inúmeros mistérios atribuídos a ele: inscrições estranhas, milagres etc. Desapareceu sem deixar rastro e foi encontrado no Paraná, por volta de 1912, onde também curou muita gente. Cheguei a visitar o templo e conhecer a sua zeladora, uma simples e fiel senhora.

Algumas pessoas dizem que ele teve continuadores ou seguidores de seu carisma. Entre eles estão:

Figura 36: Lápide do túmulo de Antonio Bento do Portão.

Pai João Maria II (Pai João Maria de Jesus), um curandeiro francês chamado de Anastás Marcaf que viveu na mesma região do primeiro. Pai João Maria III (Pai José Maria) ou Miguel Lucena, ex-militar, criou um exército pessoal de perseguidos, injustiçados, pobres e sem-terra. Tinha a seu lado uma "tropa de elite" composta por 24 caboclos armados.

Uma caverna em Araçoiaba da Serra, que supostamente foi ocupada pelo digno monge italiano, revela que este trans-

Figura 37: Pai João Maria Agostinho.
http://otaquarucu.blogspot.com.br.

crevia em transe o que na Umbanda conhecemos como Lei da Pemba, registros de pontos magísticos e inscrições em língua de ancestralidade universal, o que surpreende também o fato de estar próximo a cidade de Sorocaba, onde no fim do século XIX, o negro participante da Guerra do Paraguai, João de Camargo, fundara uma comunidade espiritualista, como retratou o filme nacional dirigido por Paulo Betti, "Cafundó", com o ator Lázaro Ramos.

UMBANDA EM LONDRES

A Umbanda se dissemina no exterior. Em Londres foram fundadas duas tendas filiais da Tenda Mirim. A décima filial está localizada em Queens Park - 1, Pentland Rd, NW6 5RT. A décima terceira filial em Potters Bar - Hollies Way, Amboise Building, 230 High Street Potters Bar, EN6 5BH. As duas tendas seguem os ensinamentos da Escola da Vida de Caboclo Mirim. Os trabalhos são conduzidos de forma a respeitar as restrições materiais e de legislação do Reino Unido.

No site http://www.temlondres.com podemos ler:

> Cremos na existência de um Deus (Tupã), Único, Supremo, Onisciente, Onipresente, Plenipotente. Cremos que Deus criou o Cosmo Virginal e o Universo Astral, e nesse planeta instituiu leis espirituais e materiais a serem seguidas por todos encarnados e desencarnados. Deus "designou" Sete Orixás para chefes dos reinos da natureza". Tudo o que existe neste mundo está regido por uma destas sete energias primevas, incluindo os espíritos. Por Sua

Figura 38: Congá da décima filial da Tenda Mirim. http://www.temlondres.com.

infinita misericórdia Deus enviou a nós entidades da Sagrada Corrente Astral de Umbanda para nos ensinar, nos guiar e nos ajudar no caminho da evolução. Viva Tupã, Salve Oxalá, Salve todas as correntes astrais de Luz e salve o Povo de Umbanda em Londres!

Salve a Escola do Caboclo Mirim!

NASCEM NOVOS FILHOS DE UMBANDA

A Cigarra, n. 229, abril de 1953
Texto de Jorge Lyra
Autorização DA Press

Pela primeira vez na imprensa brasileira uma revista consegue fotografar e dar a lume todo o ritual proibido da preparação dos médiuns umbandistas – Coube a *A Cigarra* desvendar os mistérios da cerimônia secreta, em fotos sensacionais.

Partindo da pressuposição de que o desenvolvimento espiritual dos neófitos de Umbanda ganha maior vitalidade no contato do médium com a natureza reúne-se, de quando em quando, em plena mata, grupos desses praticantes com o fim de preparar seus filhos para as difíceis missões que a sua religião lhes reserva.

O local escolhido é, geralmente, um extenso matagal, nas proximidades do mar, de pedreiras e de uma cachoeira para o bom aproveitamento das misteriosas forças contidas na natureza e, ao mesmo tempo para que possam homenagear os deuses que eles imaginam habitar esses locais.

Vestidos com seus brancos trajes de ritual, com vistosas idometrias gravadas, temos, diante de nós, reunidos em círculo, um desses grupos de umbandistas. Um homem, que nos dizem ser o chefe espiritual do centro espírita, dá ordens curtas e incisivas e, em breve, pelos movimentos que estamos notando, vai começar a razão de ser a reunião.

O chefe do terreiro, obedecendo a um sinal do chefe espiritual, começa, com voz dolente, com toda a sua alma, a entoar um ponto, logo seguido das palmas dos seus comandados. Um ritmo crescente enche a mata. Está aberta a sessão:

Quem rola pedra na pedreira é Xangô
É Xangô
Viva a coroa de Zambi
Vivô
Viva a coroa de Zambi
Vivô
É Xangô, é Xangô

Com este ponto está sendo chamado a participar dos trabalhos o rei das pedreiras: Xangô. E, de fato, dentro em pouco ele baixava naquele terreiro improvisado e pulava e dançava ao som do ritmo das palmas.

À medida que outras entidades iam sendo invocadas, médiuns entravam em transe. Os pontos continuam sendo cantados, um após outro.

Oxóssi mora na raiz da gameleira
Ogum mora na praia
E Xangô lá pedreira

A festa ainda não atingiu o seu clímax. Dizem-nos também que todo esse ritual é para "segurar" os filhos do terreiro. Continuamos observando o grupo à nossa frente, enquanto nosso auxiliar vai tirando chapas preciosas.

Os pontos continuaram sendo cantados por algum tempo até que a um sinal e gritos de "salve", "salve", as entidades se desincorporam, os médiuns voltam ao normal e, depois de alguns minutos, o grupo se dissolve. Agora os médiuns se encaminham para um canto onde jazem diversos presentes para os espíritos.

Esses presentes são exibidos ao chefe de terreiro, sentado a um canto, devidamente em transe. À medida que lhes são exibidos, ele vai autorizando aos médiuns que deem o destino conveniente aos mesmos. Os médiuns saúdam seu chefe espiritual e, guiados por um médium veterano, já de "cabeça feita", vão entregar seus preceitos aos seus protetores. Iemanjá, se a obrigação ocorrer no mar, Xangô, se ocorrer na pedreira.

Na pedreira, o médium bate a cabeça na pedra, saúda o dono da pedreira, pede licença à própria pedra e deixa ali depositado um alguidar com rabada preparadas com azeite dendê e outros ingredientes. Cantam-se pontos, batem-se palmas, tudo de acordo com o figurino, tudo em honra de Xangô, senhor da pedreira.

O grupo que se dirige à cachoeira deixa três copos para três Orixás e outros presentes, tudo arrumado sobre uma toalha branca, com os pontos do centro bordado em cor roxa.

Já o grupo que foi em direção ao mar, levando presentes para Iemanjá, depois de cantar os pontos em honra da rainha do mar, peneira na água e faz entrega solene de um enorme tabuleiro, no qual se veem sabonetes, pó de arroz, pentes, perfumes, espelhos, colares, tudo alumiado por algumas velas. Esses presentes são para o embelezamento de Iemanjá, que é vaidosa, segundo os umbandistas. Nessa cerimônia tomam parte muitas moças, cabelos alvoroçados pelo vento que vem do mar, cabelos que lembram os de Iemanjá, que, segundo a crença, são também compridos e sedosos.

Feitas a entregas, os vários grupos se dirigem ao seu chefe espiritual e saúdam-no, dirigindo-se todos, em seguida, à cachoeira, aonde vão "preparar cabeça". Aí, em fila indiana, os médiuns lavam a cabeça na água corrente da cachoeira, comparecendo, depois, diante do chefe que benze e defuma, com fumaça de charuto, a cabeça de seu dirigido. Depois de lavado e preparado o filho de Umbanda para a prática do bem, se quimbanda, para o mal, o médium terá de amarrar a cabeça com um pano branco, devendo abster-se, durante três dias, de todos os prazeres materiais e espirituais, sob pena de todo o

Figura 39: Batismo na cachoeira. A Cigarra, n. 229, abril de 1953. Foto de Jorge Lyra. Autorização de D.A. Press.

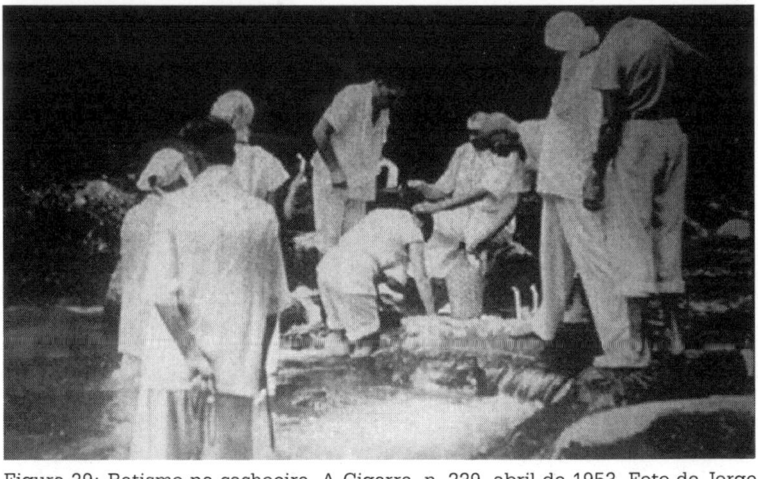

Figura 39: Batismo na cachoeira. A Cigarra, n. 229, abril de 1953. Foto de Jorge Lyra. Autorização de D.A. Press.

seu trabalho na mata fica sem valor.

Depois disso, voltam todos ao ponto inicial, fazem círculo e recomeçam a cantar, ininterruptamente, durante toda a noite.

Esta é a primeira vez que a imprensa brasileira publica

Figura 41: Preceito de Iemanjá. *A Cigarra*, n. 229, abril de 1953. Foto de Jorge Lyra. Autorização de DA Press.

a festa da cachoeira, na qual os neófitos de Umbanda se preparam para a prática de sua tão divulgada seita, combatida por uns, elogiada por outros. Nosso intuito foi o de, apenas, contar o que presenciamos com a mais absoluta isenção de ânimo, aliás, dentro do espírito de honestidade que norteia a nossa revista.

TENDA ESPÍRITA MIRIM – ORIENTAÇÕES

Apresentamos dois raros livretos de orientações escritas por Benjamim Figueiredo, dirigente da Tenda Espírita Mirim.

A TENDA ESPÍRITA MIRIM E A SUA ESCOLA
Orientações para os filhos da Família Mirim (1952)
Benjamim Gonçalves Figueiredo

A TENDA ESPÍRITA MIRIM
E
A SUA ESCOLA

Orientação Umbandista
Para
Os Filhos da Família Mirim

BENJAMIM GONÇALVES FIGUEIREDO
1952

Figura 42: Capa do livreto *A Tenda Espírita Mirim e a sua escola.*

Os cinco princípios fundamentais que compõem a ação mediúnica

1ª – Quando dois espíritos estão ligados pela escravidão de ambos em crimes cometidos.

2ª – Quando a união entre dois espíritos se faz pela escravidão do encarnado, mas quando o desencarnado ainda tem inferioridade.

3ª – Quando a união é feita sem acordo de necessidades recíprocas.

4ª – Quando a união é feita sem acordo, porém em que ambos se estimam;

5ª – Quando a união é feita pela harmonia natural, sem que ambos se distingam.

Instruções para abertura e encerramento, da atribuição do cabeceira

O Cabeceira, que tem a função de responsável pelo terreiro, fará a abertura e o encerramento do mesmo, sendo precedido de uma preparação do ambiente em uma breve palestra, para então fazer a prece pedindo autorização às forças da natureza.

E assim, em nome de São Miguel Arcanjo, São Gabriel e São Rafael, em nome de Oxalá, Oriente Yemanjá, Ogum, Oxóssi, Xangô e todos os africanos, em nome do Caboclo Mirim, estão abertos os nossos trabalhos.

Abertos os trabalhos pelo Cabeceira, o Sr. Ogan fará as saudações de acordo com as instruções junto, até a chegada do Orixá que vai comandar o terreiro.

Depois que o Chefe Espiritual chega e encerrada a sua curimba de chegada são feita as saudações de acordo com o ritual; ainda o Cabeceira faz a entrega do terreiro ao Comandante Espiritual que vai trabalhar.

Instruções para abertura e encerramento feitas pelo Sr. Ogan

Depois de feita a prece pelo Cabeceira. O Ogan faz a abertura do terreiro da seguinte forma:

Saravá (nome do Chefe que vai comandar)

Saravá Curumatai
Saravá Tibiriça
Saravá Jangob
Saravá Peri
Saravá Ogum Sete Estrela
Saravá Giramundo

Estes Orixás são, oficialmente, Chefes das Filiais da Tenda Espírita Mirim.

O ponto cantado de abertura será dos Anjinhos, que será curimbado três vezes. Ao chegar o Ogan determinará os pontos que deverão ser curimbados.

O Ogan é obrigado a bater cabeça na entrada e saída do Chefe de terreiro, no que deverá ser acompanhado pelos curimbeiros auxiliares.

É expressamente proibido, nas filiais, o uso de atabaques, fazer cabeça, matança, despachos, demandas, receituários ou consultas para remédios; estas serão encaminhadas ao Departamento Médico, para as devidas procidências, que serão tomadas na Matriz.

O Chefe do terreiro da filial tem poderes para indicar os filhos que achar em condições de assumir as promoções, bastando para tanto levar o escolhido à presença do Caboclo Mirim para lhe ser feita a consagração.

O Sr. Ogan, ou o curimbeiro que estiver puxando as curimbas, poderá cantar as curimbas dos Orixás das filiais, mas somente durante os trabalhos, sem prejuízo da abertura dos mesmos.

Instruções para a nomenclatura dos filhos que trabalham no terreiro

Os trabalhadores de um terreiro de qualquer organização umbandista dividem-se em dois quadros que constituem em dois quadros que constituem as duas forças, de utilidade para a boa formação da magia aplicada:

Filhos espirituais de Umbanda – Cavalos

Filhos materiais de Umbanda – Cambonos

Estes dois quadros se dividem cada um em sete cursos de preparação ou sete graus, de acordo com o aproveitamento de cada filho.

1º Quadro – Filhos Espirituais de Umbanda

Os iaôs ou iniciados são todos os profanos que ingressaram na organização para as necessárias provas de experiência a fim de seguirem o verdadeiro caminho: Filhos Materiais e Espirituais de Umbanda, de acordo com a aptidão de cada um.

1º Grau – São todos profanos que, aprovados nas experiências, vão seguir o quadro de Filhos Espirituais de Umbanda – Cavalos.

2º Grau – São todos os filhos que trabalham no BANCO, fazendo o aperfeiçoamento de incorporação com os elementos necessitados.

3º Grau – São todos os filhos que trabalham no TERREIRO, dando passes para o aperfeiçoamento de incorporações com as Entidades.

4º Grau – São todos os filhos que trabalham como SUB-CHEFES; receberão a primeira consagração de terreiro e assumirão o primeiro compromisso da Fé, com o COMANDANTE CHEFE DE TERREIRO.

5º Grau – São todos os filhos que, aprovados nos graus anteriores, demonstraram por merecimento próprio, o direito de serem CHEFES DE TERREIRO; receberão a consagração do grau e será dado ao conhecimento público o nome do seu águia.

6º Grau – São todos os filhos que já tenham completado as escolas nos graus por que passaram e aprovados pelo COMANDANTE CHEFE DE TERREIRO; serão consagrado com a ORDEM DE COMANDO e assumirão a Chefia das Filiais, pelo engrandecimento da Umbanda.

7º Grau – É sempre o COMANDANTE GERAL DA ORGANIZAÇÃO que tem sobre os seus ombros a responsabilidade de manter a disciplina e todo patrimônio moral da organização.

2º Quadro – Filhos Materiais da Umbanda

1º Grau – São todos os profanos aprovados nas experiências e que vão seguir o quadro de Filhos Materiais de Umbanda – Cambonos.

2º Grau – São todos os filhos que estão se aclimatando ao respeito e à disciplina do terreiro, para serem respeitados quando assumirem quaisquer responsabilidades ordenadas pelos superiores.

3º Grau – São todos os filhos que fazem serviço de cambonagem junto aos assistentes, frequentadores da organização, para aprenderem a tratar com urbanidade de acordo com os preceitos da Umbanda.

4º Grau – São todos os filhos que fazem o aprendizado das curimbas para serem selecionados como CURIMBEIROS AUXILIARES DO Sr. OGAN.

5º Grau – São todos os filhos, que já sendo Curimbeiros Auxiliares, passam pelos testes de inteligência, boa voz, disciplina de terreiro e moral para ingressarem, quando aprovados, na ESCOLA DE OGAN.

6º Grau – São todos os filhos que fazem o curso especial de Ogan.

7º Grau – São todos os filhos, devidamente aprovados na Escola de Ogan e consagrados pelo Comandante Chefe de Terreiro, que recebem a Ordem Sagrada de comandarem os Terreiros das Filiais junto a um Subchefe Comandante Chefe de Terreiro.

A Escola da Lei de Umbanda será obrigatória para todos os filhos, a fim de se prepararem convenientemente, tornando-se assim elementos úteis a si mesmos a aos outros, quando se fizer necessário:

1º – Todos os graus dos Filhos Materiais de Umbanda tem escolas especializadas cujas instruções serão ministradas pelos filhos mais graduados como princípio de disciplina.

2º – Estas instruções são bases fundamentais de Leis que serão executadas na Matriz e nas Filiais da Tenda Espírita Mirim.

3º – Todos os filhos consagrados com a Ordem de Comando nas Filiais cumprirão estas instruções e farão cumprir como se fosse o próprio Comando Geral da Organização.

Nomenclatura do quadro de trabalhadores
adultos da Família Mirim

Filhos Espirituais de Umbanda - Cavalos

7° Grau – Comandante Chefe de terreiro – CCT
6° Grau – Subcomandante Chefe de Terreiro – SCCT
5° Grau – Chefe de Terreiro – CT
4° Grau – Subchefe de Terreiro – SCT
3° Grau – Terreiro – T
2° Grau – Banco – B
1° Grau – Iaô ou iniciante – I

Filhos Materiais de Umbanda - Cavalos

7° Grau – Ogan – O
6° Grau – Escola de Ogan – EO
5° Grau – Curimbeiro – C
4° Grau – Curimbeiro Auxiliar – CA
3° Grau – Assistência – A
2° Grau – Serviço de Terreiro – ST
1° Grau – Iaô ou iniciante – I

Instruções

1° – Estes emblemas são colocados no braço direito de cada filho que ingressa no quando de adepto da organização.

2° – Cada Filial usará a cor das letras de acordo com a linha especializada que trabalha o Orixá Comandante.

3° – Todas as Filiais usarão o uniforme da Organização, colocando sobre o emblema da categoria o Ponto Riscado do Orixá Comandante.

4° – Todas as Sessões Espirituais da Matriz e Filiais começarão às 20h30min horas e terminarão às 22 horas.

Nomenclatura do quadro de trabalhadores juvenis da Família Mirim

A – Filhos Espirituais de Umbanda

5º Grau – Chefe de Terreiro – CTJ
4º Grau – Subchefe de Terreiro – SCTJ
3º Grau – Terreiro – TJ
2º Grau – Banco – BJ
1º Grau – Iniciando – IJ

B – Filhos Materiais de Umbanda – Cambonos

5º Grau – Curimbeiro – CJ
4º Grau – Curimbeiro Auxiliar – CAJ
3º Grau – Assistência – AJ

Classificação dos Espíritos que trabalham nos cavalos

Ordem geral

ENTIDADES: Nos cavalos do 1º, 2º e 3º Graus
GUIAS: Nos cavalos do 4º e 5º Graus
ORIXÁS: Nos cavalos do 6º e 7º Graus

1ª Fase – Preparação

Todo e qualquer Espírito que esteja trabalhando na cabeça de um cavalo de 1º, 2º e 3º Graus (Desenvolvimento, Banco e Terreiro) é considerado como Entidade, pelo fato de estar na dependência da preparação do cavalo que terá de realizar um tempo de trabalho necessário para harmonização das duas forças.

Assim, pois, Entidades quando incorporadas no terreiro, farão saudações entre si, batendo ombro. Baterão ombro também, aos cavalos de 4º Grau.

Farão saudações, de joelhos, aos cavalos de 5º Grau.

Baterão cabeça aos cavalos de 6º Grau.

Não farão saudações aos cavalos de 7º Grau.

2ª Fase – Confirmação

Quando um determinado Espírito houver passado com trabalho efetivo com o seu cavalo, pelos três primeiros graus, devidamente aprovado pelo seu Comandante Chefe, será promovido ao 4º Grau, que é Subchefe de Terreiro; fará então o Juramento de Fidelidade, dando o seu nome e Ponto Riscado e cantando sua Curimba para que o Comandante Chefe faça a devida Confirmação e seja considerado como Guia do cavalo.

Farão saudações, batendo ombro, aos cavalos do 5º Grau. Farão saudações de joelhos, aos cavalos do 6º Grau e baterão cabeça aos cavalos de 7º Grau.

3ª Fase – Submissão

Quando o Guia, pelo seu tempo de trabalho, haja conseguido a confiança e estima do seu cavalo e tenha demonstrado como Subchefe, desembaraço, simplicidade e capacidade administrativa, será consagrado como cavalo de 5º Grau, que é Chefe de Terreiro, prestando assim o Juramento de Submissão, quando fará a Escola de Comando. Farão saudações, batendo ombro, aos cavalos de 6º e 7º Graus.

4ª Fase – Comando

Quando a Entidade e depois Guia, houver alcançado a sua Preparação, Confirmação e Submissão, devidamente aprovadas na sua grande realização, juntamente com o seu cavalo, será cavalo de 6º Grau, fazendo o Juramento de Honra e recebendo a Ordem Sagrada de Comando como Subcomandante Chefe de Terreiro.

O que representa a saudação material

Esta Magia Material aplicada consciente ou inconsciente tem três ações que se complementam no mesmo ato:

– A primeira, com a simples presença do animal (que é a fonte profana da vida consciente), com outro animal racional, ou mesmo com outra espécie de vida. Este contato simples é a primeira ação da Magia, fundamentalmente de vibração orgânica (forma).

– A segunda é a ação de tomarmos conhecimento direto,

daquele ou daquilo, que está junto a nós, quando passamos a dirigir as nossas vibrações mentais, aceitando ou não, de acordo com o foro íntimo de cada um.

– A terceira é aquela ação que executamos ao nos ligarmos materialmente, pelo aperto de mão a uma pessoa, ou pegarmos em qualquer objeto, fazendo a ligação integral na Magia aplicada.

Sabemos bem dos perigos que decorrem destas três ações que são de ordem material. Os Filhos de Umbanda deverão evita na maneira do possível, certos e determinados contatos, a fim de não ficarem sujeitos às diferenças de vibrações que, para os mal intencionados, representam uma oportunidade de ataque.

Assim, pois, temos no Ritual de Umbanda, a saudação oficial para a nossa vida profana, vida pública, que dará aos filhos obedientes os meios de defesa pessoal.

A nossa saudação profana, pela Lei de Umbanda, é feita, tão somente colocando a mão direita completamente aberta sobre o nosso próprio coração, traduzindo com isto, todo o nosso afeto por aquele que está junto de nós.

O que representa a saudação espiritual

A saudação é a Lei de interpretação de valores, materiais ou espirituais, para a boa vibração de um ambiente. A saudação é feita dentro de três planos de ação, de acordo com os valores presentes ao mesmo ato:

Feita por um valor menor a um maior.
Feita por valores do mesmo nível.
Feita por valores maiores aos menores.

A saudação, sendo um ato de Magia aplicada, está sempre na dependência da forma intrínseca de atuação, para que o seu ato tenha valor de Magia ou não.

Na Umbanda, o respeito é um traço característico da intimidade de cada um, porém, a disciplina aplicada é função básica no ato da Magia, sendo a Saudação de Vida Mestra na preparação do ato.

Quando feita por um valor menor a um maior, é o ato de

preparação da vibração.

Quando feita por valores do mesmo nível, é um ato de condensação da energia vibratória.

Quando feita por valores maiores ou menores, é um ato de distribuição de energia.

Em um terreiro, nunca se deve fugir à disciplina da normalidade das vibrações, para que não haja choques vibratórios prejudiciais à harmonia do mesmo. Sabemos que em um terreiro cada um tem uma força e que não poderá fazer o que deseja, mas somente aquilo que a harmonia do equilíbrio autorização.

Os Filhos Espirituais de Umbanda seguem uma capacidade de vibração superior às suas próprias quando estão sob a direção de Entidades, Guias e Orixás, que lhe emprestam forças superiores; assim, terão que se disciplina, a ponto de atender, com equilíbrio, todas as necessidades da função de cavalos.

Cada cavalo vale apenas por si mesmo; assim, cada Entidade, Guia ou o Orixá, aproveita o material que possui para realizar o que precisa.

Sabemos, portanto, que os nossos Chefes de Cabeça estão na dependência dos nossos valores e que as ações benéficas se realizam de acordo somente com aquilo que nós, cavalos, autorizamos pela honestidade e equilíbrio.

Assim, pois, cada cavalo deve, naturalmente, se harmonizar, procurar apenas o seu lugar, realizando somente o que deve e nunca fugindo da sua grande disciplina, para que as vontades pessoais não intercedam desarticulando a fonte de irradiação saudável, que cada um terá de fornecer na ação de Magia feita pelo Comandante Chefe.

Cada Entidade, Guia ou Orixá, em um Terreiro, tem um determinado valor que deverá ser respeitado por todos os filhos; este grande respeito será mesmo realizado entre eles, em um perfeito Ritual de Magia pela formação de uma grande harmonia.

Por esse motivo, as Entidades baterão obro, entre si, na interpenetração de forças, condensando entre elas, uma preparação inicial do conjunto harmonioso, pelo poder materializado de energia que ainda possuem. Deverão bater ombros aos Guias do 4° Grau, como que fazendo um oferecimento de solidariedade ao aproveitamento do grande conjunto. Não poderão bater ombro aos Guias de 6° e 7° Graus, por ser desnecessário. Deverão, no entanto, fazer uma saudação de joelhos, com o movimento das mãos sobre o coração, aos Guias do 5° Grau. Aos Orixás do 6° e 7° Graus, terão que bater cabeça.

Os Guias do 4° e 5° Graus farão sudações entre si, batendo ombro, na interpenetração de forças, de acordo com o plano de Juramento de Fidelidade, condensando a energia. Os Guias do 4° Grau, recebendo das Entidades o oferecimento, transmitirão, aos Guias do 5° Grau, pela magia de saudação, que por sua vez, darão conhecimento aos Orixás do 6° Grau.

Saudação para os quadros de cambonos

Os cambonos em geral:

Baterão cabeça ao quadros de Subchefes de Terreiro, Chefes de Terreiro, Subcomandantes Chefes de Terreiro e ao Comandante Chefe de Terreiro.

Farão a saudação de joelhos ao quadro de Cavalos de Terreiro.

Farão a saudação batendo ombro às Entidades que trabalham nos Cavalos de Banco.

Ao Senhor Comandante Chefe de Terreiro e Subcomandantes, será obrigatório o bater cabeça ao Senhor Ogan, na entrada e na saída, bem assim, os cambonos que fazem os serviços de confiança junto aos Subcomandantes. Esta ordem será para todas as sessões quer privadas, quer públicas.

Neste ato o cambono ficará estendido no chão até que o Comandante, responda à saudação, por ser um ato inteiramente sagrado, quando é feita por um cambono de responsabilidade.

Os demais cambonos farão apenas a saudação batendo cabeça e se levantando imediatamente para não prender a atenção do Comandante Chefe de Terreiro. Para esta última saudação estão incluídos todos os cambonos adultos e juvenis.

Os juvenis que estiverem fazendo o serviço de cambonagem, juntos aos Subchefe, serão também obrigado a ficar estendidos no chão até o Subchefe corresponder à saudação, quando então será feita a entrega do charuto (para as sessões privadas).

Aos senhores Cavalos de Banco, os cambonos baterão ombro e farão saudação levando as duas mãos sobre o seu próprio coração, dando assim o testemunho de todo afeto e respeito.

A UMBANDA NA ESCOLA DA VIDA

(1953)

Benjamim Gonçalves Figueiredo

Figura 43: Capa do livreto *A Umbanda na Escola da Vida.*

A energia do pensamento

Aqueles que passam pelas escolas da indiferença construtiva, sabem perfeitamente que o pensamento é apenas um simples perfume emanado da existência do nosso próprio corpo, como reação de defesa natural, quando o nosso próprio corpo, como reação de defesa natural, quando o nosso corpo físico pela inteira liberdade de locomoção, poderia sofrer as consequências naturais de violências orgânicas, pelo fato de ser assistido inteiramente pela grande força emanada pelo nosso espírito.

Como perfume, que é, representa o Todo da nossa vida materializada, sendo, portanto, de composição material, tendo como utilidade somente as coisas que sejam de ordem física, orgânica, quando o nosso pensamento, permitindo uma ligação perfeita do nosso corpo com a expressão real da vida, permite que cada um de nós tenha as maiores oportunidades de chegar à finalidade de despertar desta modalidade de norma material, para então sentirmos aquilo que deverá ser sentido, sem a interferência da infantilidade da mente, que, de qualquer maneira, atrofia a possibilidade de chegarmos à realidade das coisas, que se perdem pelo empobrecimento da nossa fonte mental.

A nossa vida age dentro de dois sistemas de ações, sem

se deixar prender, apesar das nossas opiniões ainda não poderem compreender nem concordar.

Vida é apenas energia e como toda energia, pode ser aplicada nas várias modalidades e utilidades, assim também a nossa expressão de vida, que é energia, aproveita esta modalidade de forma física, para devidamente condensada, ter o direito de ser utilizada como utilidade que completa o grande esplendor da natureza.

A vida é ação quando apenas, como substância que é, possa estar onde estiver dando ao espaço que ocupa o seu próprio direito de existir, e a vida é reação quando, devidamente condensada, empresta (com a sua utilidade aplicada), o potencial indispensável à finalidade da ação própria energia.

Assim, nós umbandistas, devemos nos despir cuidadosamente das vibrações impostas pelo nosso pensamento, para que, liberto, com naturalidade saudável, cada um de nós, se torne inteiramente útil à vida da nossa matéria, que, por sua vez, irá se descondensando, pela sua própria liberdade de ação, e assim, cada um de nós, então, será o que é em verdade, embora a nossa contusão mental, por enquanto, não o permita.

As quatro forças da magia

A Umbanda é uma Lei que demoradamente observada nos induz a verificar claramente que aqueles que se dedicam à sua prática são levados a obter um conhecimento perfeito da existência da Vida.

Assim, quando estamos em um terreiro de Umbanda, observamos ainda, que cada elemento presente tem uma grande função, da qual, se torna elemento imprescindível para a sua prática.

Portanto, nós, estudiosos que procuramos observar, nos mínimos detalhes, como cada um age no seu conjunto, constatamos que cada um deles, em um terreiro de Umbanda, dispõe de quatro forças efetivas e presentes, as quais, aparentemente diferentes uma das outras, executam reunidas, em um elevado potencial, qualquer ação que deva ser praticada.

Verificamos então, que, em primeiro lugar, está em jogo o ambiente material do cavalo, quer dizer, é necessário que o cavalo tenha organização física com aptidão para ser útil, e, para isso, ele deverá ter conhecimento de disciplina física e orgânica, afim de que a sua matéria possa estar em posição de vibração sadia capaz de fornecer os elementos indispensáveis de um ectoplasma materializado aproveitável.

Verificamos, em segundo lugar, que o cavalo precisa ter uma boa escola de higiene mental, para saber tranquilizar o seu pensamento a ponto de se harmonizar naturalmente com qualquer natureza de trabalho, dando a sua cooperação integral.

Verificamos, em terceiro lugar, a presença do próprio espírito do cavalo que, como responsável direto de toda ação, precisa se colocar com docilidade e simplicidade, permitindo que as duas primeiras forças possam em uma determinada magia, agir livremente, de forma que ele tire os proveitos para o seu próprio despertar.

Verificamos, finalmente, a interferência de uma Entidade, Guia ou Morubixaba, que se aproveitando de todo material disponível no momento, possa dar a expansão suficiente para se concretize a ação saudável em benefício daquele que vai ser atendido.

Sentimos, portanto, que sem a atuação dos elementos devidamente harmonizados, no seu conjunto, a produção será deficitária.

Assim, cada um assume, consequentemente, a responsabilidade moral pelo decréscimo daquela produção, que não poderá ser perfeita se qualquer dos elementos que compõem o grande conjunto com uma das suas e, outras forças (ou mesmo uma das três que formam a vitalidade espiritual do cavalo), fora das boas normas da disciplina.

A Lei de Umbanda entrosa e harmoniza toda e qualquer espécie de força; por isso, nunca será prejudicada por qualquer ação praticada.

No entanto, aquele que compõe esta ação, se estiver desarmonizado, sentirá naturalmente, que está fora do ambiente, verificando assim a inutilidade da sua presença.

Assim, é preciso que cada filho de Umbanda saiba que o seu trabalho, feito em um terreiro, depende muito e inteiramente da forma como ele vive a sua própria vida material.

Existir, vibrar e harmonizar

Umbanda não é a própria vida, mas o ato de conhecermos que a vida existe, ou simplesmente: a própria escola da vida.

É, portanto, ação e tem como primeira reação tudo quanto existe na forma material.

A vida material, das coisas que completam os sete princípios fundamentais contém os elementos vitais que compõem o ritual de Umbanda.

O ritual da Lei de Umbanda é apenas a existência das forças materiais que serão usadas no seu cerimonial.

A segunda reação é a magia.

Magia é a ação da vida que cada elemento material executa nos seus movimentos naturais dando a substância saudável para qualquer finalidade de ação.

A Umbanda tem ainda, como terceira reação, a liturgia.

A liturgia é o ritmo dos movimentos e formas.

A Umbanda consagra a existência da matéria e os seus movimentos coordenados sublimando-lhes a essência para formar a cúpula de defesa espiritual, produzindo um ambiente capaz de neutralizar qualquer interferência de outros que lhes sejam opostos.

Resumindo: a Umbanda prova a existência da matéria, imprimi-lhe movimentos naturais e coordena a própria fonte de harmonia.

Pelo ritual, as Entidades, Guias e Orixás, aproveitam a existência dos elementos materiais; pela magia, tiram e executam as influências que determinados materiais fornecem, pela liturgia, harmonizam a vida orgânica de forma a ter um ambiente propicio à sua ação.

Cerimônia

É preciso saber que ritual é uma coisa e cerimônia é outra.

A cerimônia é o ato de vibração que a Entidade, Guia ou Orixá executa desenvolvendo um determinado assunto com os elementos materiais e indispensáveis à Umbanda.

Estas cerimônias, feitas pelas Entidades, Guias e Orixás, não fogem aos princípios de prática: secreta e profana.

É secreta, quando feita apenas para a preparação dos filhos materiais ou espirituais de Umbanda.

É profana, quando feitas nas sessões públicas, onde o ambiente é inteiramente materializado.

As cerimônias obedecem às sete vibrações da Lei de Umbanda, e cada Orixá, de acordo com os seus pendores, viverá os seus próprios direitos.

Assim, sua presença se manifesta mediante os três seguintes fundamentos: EXISTIR, VIBRAR e HAMONIZAR.

Os três aspectos da vibração

A vida é ação e reação.

A reação é força e toda força é vibração.

A viração não tem direção própria, vive pela sua qualidade e age pela forma como for impulsionada.

Assim, apesar de ser energia materializada, assume três aspectos diferentes, conforme a ação que lhe deu motivo: material, mental ou espiritual.

O aspecto material é emitido por indivíduos ainda apegado inteiramente às coisas materiais. Não quer dizer que sejam, mas, vivendo somente os assuntos materiais, o seu ambiente é todo materializado e, assim, só poderão emitir vibrações materiais.

O aspecto material é aquele que o indivíduo, já usou do pensamento, não materializa tanto a vibração, embora o faça mais sutilmente.

O aspecto espiritual é aquele que o indivíduo, já afeito à espiritualidade, sabe evitar a emissão de formas materiais em proveito da sua tranquilidade.

Quando a vibração é produzida no primeiro aspecto, sua qualidade, sendo inteiramente material, não tem poderes para subir uma polegada acima da sua ação, porque o peso da sua forma encaminha-a para um ambiente em afinidade com a sua própria expressão.

Assim, um determinado indivíduo sendo inteiramente material e tendo o dom da mediunidade, certamente só poderá executar fenômenos de natureza proporcional ao seu potencial; neste caso estão os quimbandeiros, que, não sendo maus, propriamente ditos, executam, no entanto, fenômenos em um potencial de tal inferioridade que se tornam capazes de fazer o mal na melhor das intenções. Por esse motivo, não se deve julgar ninguém.

Quando a vibração é produzida de acordo com o segundo aspecto, a sua qualidade já é menos condensada; poderá agir mais livremente, isto é, descer ou subir, no entanto, à sua própria expressão de força. Este aspecto de vibração é o comum entre os umbandistas.

Quando a vibração é produzida de acordo com o terceiro aspecto, a sua qualidade já é inteiramente descondensada. Só poderá ser emitida pelos espíritos desencarnados que, embora se utilizando dos cavalos, saberá como e quando deverá aproveitá-las nas ações de utilidade.

Assim sendo, não se pode modificar a ação de qualquer pessoa; cada um é naturalmente o produto de si mesmo. Cada cavalo traz, portanto, como valor de mediunidade, a sua grande expressão de vida; usará esta força como puder para o seu próprio aprimoramento.

O problema, pois, não é dar combate aos quimbandeiros, mas sim, criar escolas de aperfeiçoamento onde cada um deles encontre um ambiente mais favorável como princípio de oportunidade, de acordo com as instruções do nosso Evangelho.

"Deixai vir a mim os pobres de espíritos para que eles encontrem também o céu".

Como fazer caridade na Umbanda

Os umbandistas, nesta grande escola da vida, tem na caridade o apanágio confortador para justificar a reforma do seu passado culposo.

Certamente, a caridade, no aspecto material como é interpretada, deve ter de cada um de nós o devido respeito, quando em meio deste grande da caridade seremos capazes de nos desvencilhar dele.

No entanto, é preciso que raciocinemos para verificar que a caridade é uma ação, nascida das reações violentas que produzimos. Assim, não poderemos ter a grande virtude que acreditamos à primeira vista, quando, como consequência de ações reacionárias, não possui vibrações que possam satisfazer em verdade a própria finalidade do direito de existir.

A caridade não é uma ação preventiva, ela não ultrapassa

a força repressiva, e por isso, sempre terá o seu valor depreciado, porque será usada no limite dos casos isolados de acordo com a necessidade particular e momentânea de cada um.

A Umbanda pela sua escola saudável, diz que cada filho deve saber colocar de maneira a não precisar dos recursos da caridade, para não estar envolvido continuadamente na animalidade da vida profana. Poderá harmoniosamente ser uma fonte de irradiação permanente para boa manutenção do bem ao próximo.

Precisamos nos afastar, tanto quanto possível, destas interpretações grosseiras, que infantilizam o sentido real dos nossos deveres sagrados, para realizarmos uma escola saudável de independência espiritual onde encontramos os meios de sentir o perfume da vida.

Umbanda, mais uma vez repito, é apenas o direito de conhecermos que a vida existe, e não o direito de nos afundarmos nas coisas profanas da vida.

Fazendo uma apreciação ligeira sobre o sentido do ato do sofrimento, constatamos que ele é o reflexo imediato e completo de desarmonia de alguém, e que portanto cabe ao umbandista, saber procurar a causa interna que deu motivo àqueles efeitos.

Se nós, umbandistas, vamos acreditar que a nossa ação de magia é apenas no sentido da caridade material, desmanchando os efeitos, estaremos contestando a eficiência da sublimidade de Umbanda.

A caridade sabemos bem ser um assunto que empolga a todos os religiosos.

Cada um se atira violentamente, embora acredite que esteja realizando alguma coisa de importância, quando em verdade nenhum de nós sabe o que está fazendo.

A caridade é o ato de tratarmos dos outros que julgamos infelizes, e esquecemos nós mesmos, o nosso mundo vaidoso nos faz felizes, embora mergulhados no labirinto da fonte mental.

A Umbanda não aceita a prática da caridade pela forma interpretada nos nossos pensamentos.

A Umbanda é o ato de reconhecermos que a vida existe, e com este direito despertamos para a grande harmonia da vida.

A nossa fonte mental empobrecida, debatendo-se entre a existência do mundo objetivo é o direito de sentir a vida, vai, de confusão em confusão, agindo até encontrar a única realidade que a vida encerra.

Assim, o ideal da caridade é um dos caminhos que leva o homem a encontrar a sua própria estrada.

Todos os caminhos podem conduzir, mas, se cada homem é a grande expressão da vida e, portanto, a única estrada verdadeira, porque procurar caminhos diferentes, dificultando aquilo que deve ser tão simples como a própria vida?

Qual de nós sabe verdadeiramente o que o nosso próximo precisa, se ainda não nos conhecemos.

É preciso verificar que, enquanto cada um de nós procura dar aos outros, fica abandonado, por que procura dar aquilo que não tem.

Nenhum de nós começa por si mesmo para iniciar o benefício real de todos.

A caridade é um dos caminhos que, por amor, se pode prejudicar alguém.

A Umbanda só aceita a caridade quando, no sentido de cada um somente cuidar de si próprio. Quando assim acontecer, todos serão beneficiados e a soma do bem estar de todos proporcionará um melhor entendimento para deixarmos de acreditar em infantilidades.

Afinal de contas, uma coisa deve estar errada, ou é a nossa fonte mental em acredita que tudo está errado, ou todos os erros que existem nos nossos sentidos estão certos; tão certos, que acreditamos estarem errados.

Nascimento, vida e morte na Umbanda

Quem observa a reação da vida no tempo e no espaço, verifica que a própria vida manifestada é dividida em épocas, como que proporcionando a uma determinada coletividade o esplendor do seu apogeu. Depois, passa a se desfazer naturalmente, e como se transformando, revive para outra época que, devidamente reunidas, formam o grande manancial orgânico da energia propulsora.

A Umbanda também vive os mesmos efeitos porque, sendo como é, a reação suprema da própria vida, não poderia deixar de sofrer a influência desta grande força que emana de tudo que compõe avida materializada.

Sabemos como os umbandistas, que a escola da fonte mental no homem, se divide em três princípios fundamentais, de acordo com a sua natural evolução.

O primeiro, quando a nossa fonte mental, ainda se desenvolve gradativamente pelo conhecimento material, enriquecendo o seu patrimônio objetivo; é o que chamamos CULTURA.

O segundo, quando a nossa fonte mental já desabrocha, depois de adquirir vários conhecimentos nas mais variadas formas de cultura, formando assim o seu ambiente mental de irradiação; é o que conhecemos como INTELIGÊNCIA.

O terceiro princípio é quando a nossa fonte mental já fixou este ambiente de irradiação, mais tranquilizador, para então sentir o perfume que todas as ações de vida orgânica projetem.

A nossa Umbanda, como parte reacionária da vida, realiza exatamente a mesma forma da parte mental; apenas, de acordo com a situação do ambiente planetário, onde ela também vive a sua época, até que se concretize a sua própria finalidade.

Para exemplificar, temos a situação do nosso planeta nas épocas remotas, em que a humanidade vivia tão somente a preocupação das coisas materializadas. Pelo fato da coletividade viver assim, aquela Umbanda era toda feita nos princípios mais rudimentares, porque só era possível tirar daquele ambiente os efeitos aproveitáveis às melhores interpretações. Assim a nossa Umbanda viveu aquela grande época.

Os umbandistas de hoje devem concordar que a Umbanda não pode viver as preocupações da personalidade escrava; não é mais aquela, regida pelos efeitos da cultura material; mas sim, esta, em que a inteligência despertada, já pode aprende melhor o sentido real da grande ação, que o perfume da magia realiza.

A nossa Umbanda, portanto, vive o seu desabrochar; as formas e movimentos são apenas fenômenos indispensáveis à sua prática; não são mais motivos para nos prender a rituais que serviram quando éramos ainda primitivos.

Precisamos sentir com mais independência os nossos deveres, não querendo imitar aquilo que já passou; seria retornar a práticas que hoje, com o despertar da inteligência, perderam naturalmente a sua oportunidade.

Assim, a Umbanda é uma Lei que nasceu com a própria vida, que vive como ambiente encantador, nas vidas sucessivas dos homens, e que morrerá com cada homem que souber acordar do sono da sua existência.

Para ser comandante Chefe de Terreiro

Este posto é de qualquer forma, pela sua própria natureza de magia, de muita responsabilidade.

Aquele que estiver investido de tal incumbência terá de possuir os requisitos indispensáveis para que possa desempenhá-lo com tal dignidade, de modo a ser amado por todos, fazendo executar com justiça absoluta as deliberações emanadas e autorizadas pelo próprio mandato. Assim, a Escola de Umbanda diz, nos seus mandamentos.

Todos nós, filhos de Umbanda, tem por princípio: "Obrigações" e, por fim: "Deveres".

As obrigações são toda de ordem material e dizem de perto sobre a vida física do corpo. Quem negligenciar este mandato essencial ficará impossibilitado de produzir alguma coisa útil.

A Escola de Umbanda define as "Obrigações", da seguinte forma:

Escola de disciplina física

Mastigar bem os alimentos, saber respirar e saber beber água, saber deitar-se para dormir, executa os preceitos de higiene externa e interna, aumentando deste modo o seu potencial de vibração sadia que será mais bem aproveitada em todos os setores da vida, mantendo assim a lucidez e a harmonia do seu próprio corpo.

Escola da Fonte mental

Evitar as preocupações, não ter opiniões, aceitar tudo em principio para que o tempo se encarregue de resolver a verdade, dominar a sua natureza emotiva, fonte de preocupações prejudiciais, construir com paciência e tolerância para que seja anulado saudavelmente o mundo objetivo material que tanto envenena a fonte mental, enfim, dar ao pensamento serenidade construtiva.

A Escola de Umbanda define os "Deveres", da seguinte forma:

Escola Espiritual de Umbanda

Ter escola de cabeceira, de curimba, conhecer a organização material do terreiro, e seja qual for o seu estado civil, estar em condições de fazer prova da sua autoridade moral, bem como da sua conduta ilibada e exemplar, no lar e fora dele. Ser compreensivo, tolerante e nunca mentir, demonstrando espiritualmente estar isento de preconceitos, a fim de eu as suas decisões sejam justas.

Escola Material de Umbanda

Conhecer a organização administrativa de uma Tenda, conhecer psicologia da humanidade para escolher pessoas capazes, nunca tomar atitudes pessoais, saber estar sempre presente nas ocasiões de desentendimento sem molestar os culpados para que estes se possam corrigir.

O nosso ritual utiliza-se, portanto, das irradiações projetadas pela fonte de vida e por nós sentidas através das suas sete formas de manifestação e, componentes da Lei de Umbanda.

A magia e o perfume da natureza

A Escola de Umbanda conhece perfeitamente que para fazer magia, é necessária a presença da natureza material.

Sem esta não será possível qualquer ato de magia. A magia é feita dentro de dois princípios fundamentais: Natural e Artificial.

A magia natural é o resultado sublime do entrosamento encantador que a vida orgânica executa, na sua maravilha de esplendor, criando um grande céu material, para melhor segurança dos seres.

É ainda a força orgânica de harmonia suprema que os nossos sentidos atrofiados não alcançam; é a Lei de proteção real e verdadeira, projetando o seu grande perfume materialista, regularizando a existência da vida na sua aplicação de utilidades condensadas.

A magia artificial é aquela que cada elemento material, pelo governo da natureza mental pode irradiar, combinando as próprias forças com outras correspondentes e executa atos e fatos isolados de acordo com as possibilidades de cada um.

Esta força de magia é feita pelos umbandistas quando, na plenitude dos seus direitos mediúnicos, tenham poderes de fazer sentir as suas próprias vontades materiais, em vantagem de outros que estejam desprovidos de quais possibilidades.

Assim, cada umbandista deve despir-se da interpretação materializada deste ato para, com desprendimento saudável fornecer tudo que de bom possui a sua natureza material, ao invés de interferir com a natureza mental criadora, desvirtuando o próprio encantamento daquilo que é muito maior do que a sua interpretação.

Quando cada um de nós, umbandistas, souber separar a natureza mental da material, sentirá que encontrou no céu da sua grande realidade o maior potencial construtivo. Será suficiente para dar todas as explicações e cada um de nós, pois, é muitas vezes maior do que a suposta grandeza criada pela nossa natureza mental ainda adormecida.

Unificar

A unificação de Umbanda é hoje assunto que está praticamente na vontade de cada Chefe de Organização.

Todos nós sabemos que a Umbanda já percorreu o caminho das dúvidas e das hesitações. Foram lutas naturais pela falta de conhecimento que pudéssemos definir com exatidão o que é Umbanda, diferenciando-a daquilo que, embora muito semelhante, trabalha, todavia em sentido completamente oposto.

A verdadeira Unificação de que se pretenda realizar com os elementos que trabalham na Lei de Umbanda, é aquela que resulta do conhecimento que todos e cada um de per si, devam ter na sua verdadeira posição um terreiro.

Este conhecimento é que conferem aptidão e capacidade para o trabalho perfeito do conjunto e onde cada um de nós como um gerador de forças, representa, realmente, a coluna de sustentação da Cúpula da Umbanda.

A reunião destas forças irá constituindo, pouco a pouco

a Egrégora Espiritual de Umbanda na sua expressão de incomensurável grandeza. É necessário que cada umbandista não tenha a preocupação exagerada de acreditar que Unificar Umbanda é o ato de impor, incondicionalmente a outrem a nossa opinião sobre o assunto.

O sentido real da nossa Unificação deverá ser iniciado por todos sem exceção. Sem que tal aconteça, sem que esta cooperação se realize corretamente no íntimo de cada elemento, no desejo de um aprimoramento pessoal, não poderemos confiar de forma alguma na solidez da Cúpula daquele Templo.

Todos juntos, em espírito e verdade, representaremos uma expressão construtiva, que será, no nosso caso, uma verdadeira expressão de amor, que é o único caminho que conduz a nossa Umbanda.

Unificar não é juntar os umbandistas em uma só opinião, é muito mais do que isto, é a interpenetração das nossas forças reais em uma só, formando a grande substância de vida saudável, que então, devidamente manejada por quem de direito, poderá reunir, de acordo com o merecimento daqueles que nos procuram, o útil e o agradável.

O corpo material e sua magia

A vida do nosso corpo material e, para aqueles que não se preocupam com a realidade das coisas, assunto inteiramente inútil. É verdade, no entanto, que, nesta parte da nossa vida, está talvez, o grande segredo que encerra o como e o porquê da realização de toda a magia.

A Umbanda é o ato de tomarmos conhecimento da existência de vida, e a magia é a reação natural da forma e dos seus movimentos. Onde não houver vida material, não haverá magia.

Onde não houver um corpo material, que é energia condensada, não haverá os elementos de ectoplasma físico, para, em combinação com a natureza orgânica, fornece todo o material suficiente de substâncias, capaz de realizar alguma coisa.

Assim, pois, o nosso corpo tem um grave valor e, por isso, devemos dar-lhe todo o cuidado necessário, procurando, pela escola da disciplina física, o caminho mais saudável para que ele se sinta perfeitamente à vontade, e, então, expandindo-se como pode e deve, fornecer em princípio, os meios de utilidade, para que o nosso espírito os aproveite, encontrando a sua própria oportunidade.

A fonte vegetativa do nosso corpo, isto é, sem a força mental e sem a presença do espírito, se a realiza naturalmente de acordo com a grande harmonia orgânica da vibração condensada e, por isso, ele tem vida própria.

Embora possuidor de uma energia em formação tem, no entanto, a fertilidade da sua própria expansão, como necessidade aplicada, condensador que é da própria vida suprema.

Devemos, então, saber afastar, com sutileza, toda a nossa fonte mental bem como os seus impulsos violentos, para que o nosso corpo não se veja obrigado a segui-lo, mas, tendo o direito de agir pelas suas próprias energias encantadoras, fornecendo, pela irradiação tranquila dos seus movimentos os altos ensinos de uma escola que, a seu turno tranquilizará também, com o tempo a nossa fonte mental envenenada.

A magia da Umbanda

A ação da magia é incontestavelmente um assunto que está ao alcance de qualquer criatura, desde que possa entender, isto é, sem nenhuma dificuldade, eu tudo tem vida, e, portanto, age de acordo com o seu próprio potencial, não podendo de forma alguma modificar a expressão de energia que lhe é própria, pois, representa uma fonte de utilidade aplicada, que, vivendo entrosadas com as demais, complete a grande harmonia material da vida.

Cada um de nós, como elemento de vida material, também representa uma grande força, que, estando harmonizada, como deve estar, poderá permitir que cada um de nós sinta perfeitamente os resultados agradáveis desta atitude correta. A Umbanda é uma Lei que tem a facilidade de despertar a vida da nossa individualidade, e assim, cada um de nós, poderá realizar aquilo que a sua força harmonizada pode produzir (como cavalos de Umbanda e, em obediência à lei da forma mediúnica) quando então devemos agir abnegadamente, com o propósito de despertar a nossa própria espiritualidade.

A Umbanda, quando feita em um terreiro, se torna muito mais difícil, pois grande quantidade de elementos que o compõem, pois, que não sendo todos potencialmente iguais, e muitas vezes até opostos como acontece comumente.

Aquilo que estiver, porém, na direção dos trabalhos, deverá agir cuidadosamente a fim de não perder a Armação Material do Terreiro, cuja Liturgia provoque um potencial de força suficiente para anular ou pelo menos, neutralizar a ação isolada desarmônica que algum elemento esteja vibrando.

Assim, é necessário, pois, que cada cavalo saiba que a sua presença no terreiro está sendo observada, e que ele só poderá estar presente como elemento útil àquele ao de magia, se estiver colaborando com a sua disciplina.

O que é Umbanda

O vocábulo Umbanda, como simples vocábulo, ficará por muito tempo, como interrogação desafiando a resposta que se encontra, em estado latente, no coração dos umbandistas. Muitos confrades estudiosos e dedicados às coisas de Umbanda tem procurado o significado desta palavra, para tranquilizar a curiosidade natural que encerra a grandeza deste tesouro tão oculto.

Enquanto esperamos que algum deles possa ter o privilégio de encontrar a resposta procurada, nós que somos ainda pequeninos, vamos amando a nossa Umbanda de acordo com as possibilidades de cada um.

Para nós, em princípio, Umbanda não significa coisa alguma que possa agradar à nossa própria fonte mental, quando ela encerra o encantamento da Vida que somente poderá ser sentido pela vibração saudável de nosso coração.

Certamente que, sendo uma palavra, deverá ser como as outras e ter também o seu significado, mas como desconhecemos e sabemos que não temos possibilidades de ultrapassar da nossa situação, vamos criar para nossa escola, um sentido sobre esta palavra que a traduza de maneira a agradar a todas e podermos, então, vive-la gostosamente, fugindo às preocupações desnecessárias.

Umbanda é a magia da forma nos seus movimentos, quer dize, tudo que existe tem forma e movimento, e esta combinação natural, que a vida nos mostra, como simples modelo, serve bem verificarmos que, independentemente das nossas opiniões pessoais, existe alguma coisa que, escapando ao nosso entendimento, não deixa, no entanto, de ser uma grande realidade que vive pelo nosso bem.

O valor da nossa vida material depende tão somente da sua situação em equilíbrio físico, isto significa que, quanto mais tranquilos formos, mais harmonizada será a nossa vida material, que está sempre na dependência de executarmos todos os trabalhos físicos com o máximo de paciência, para não produzirmos reações violentas que, somadas a outras, venham colaborar com o grande mal estar da coletividade.

Assim, pois, nós, dizemos umbandistas, devemos pautar a nossa vida do nosso corpo físico, de maneira que possa ter toda plenitude de sua ação saudável, quando estivermos colaborando para as finalidades reais do nosso despertar.

As escolas de Umbanda

Umbanda é o ato de sabermos que a vida existe. A existência da vida é a maior magia de ação. Tudo aquilo que vive, ocupando um lugar na ação da vida, é sempre uma reação.

Portanto, a nossa vida física orgânica, quando acompanhada dos nossos pensamentos e do nosso espírito, tem uma modalidade própria de ação que, por sua vez, também produz reações nos seus vários setores de atividade.

O nosso corpo tem vida própria; a sua grande vibração material, em harmonia com outros seres, forma o grande potencial que favorece, pela proteção de defesa natural, o instinto de conservação animal.

O nosso pensamento sozinho tem outra modalidade de ação que, quando passamos a dirigi-lo para atender à fonte da nossa atenção, se torna reação. O nosso espírito, sendo apenas ação de vida, não perde a condição de existir, mas se torna reação, quando aplicado nas finalidades para o qual existe.

Assim, sabemos que há três forças, devidamente entrosadas, formando um só de utilidade aplicada: material, mental e espiritual.

Como um umbandista que somos, devemos tomar conhecimento direto da existência destas três forças, através de uma escola saudável. Cada filho de Umbanda, terá assim conhecimento suficiente para encontrar o próprio equilíbrio, irradiando todo o seu potencial em proveito da magia de Umbanda.

Aquele que não sabe se colocar na sua própria posição, isto é, devidamente harmonizado dentro de um terreiro não poderá tomar parte daquilo que se está realizando; estará só e sujeito às reações naturais que o seu próprio isolamento provoca.

As três escolas de Umbanda

As três escolas de Umbanda são:

1ª – Escola de disciplina Física
2ª – Escola Mental
3ª – Escola de Indiferença Construtiva

O cavalo de Umbanda que não conhece estes três aspectos, só poderá produzir aquilo que o encanto da infantilidade da sua consciência possa permitir.

Umbanda, em sua expressão mais simples, é a vida.

A existência da Vida é a maior magia de ação.

Viver é a reação correspondente. Diremos, então, sintetizando, que Umbanda é o ato da natureza pelo qual tomamos conhecimento de que a Vida existe.

A magia do pensamento

O pensamento é uma força material descondensada.

Inteiramente desnecessário à nossa própria vida, mas de grande utilidade, no entanto, como reação representativa da existência do nosso corpo material, ele (o nosso pensamento) como elemento de composição materializado, tem em si mesmo toda a energia física que emana do corpo, influenciando as suas próprias determinações, de acordo com as necessidades aplicadas.

O pensamento quando em ação, provoca reações correspondentes que passam a ter existência, embora de forma sútil, mas de um poder de energia que dificilmente se decompõe, a menos que encontre onde possa localizar todo o seu poderio, e assim, dar a descarga completa do seu potencial.

Quando pensamos, por exemplo, em um atendimento

mal, a ação do nosso pensamento parte, com ou sem destino e, caminhando violentamente de acordo com a vibração, procura naturalmente o ponto onde foi projetado.

Acontece que, às vezes, este ponto não é encontrado, ou, sendo encontrado, é de um potencial maior que a ação do pensamento, emitido, e, não podendo se adaptar, pela repulsa natural de defesa encontrada, ele continua a prosseguir até ser contido ou descarregado, sucedendo muitas vezes que, depois de muito caminhar e enquanto caminha, a fonte emissora passa a uma posição de inferioridade, seja pela própria impotência, seja pelas fraquezas naturais da vida, e ele, como expressão da essência total do seu emissor, sente-se inteiramente atraída e volta violentamente, mercê da correspondente afinidade. Operando desastres tremendíssimos, onde somos arrastados às consequências mais perigosas possíveis, porque as resistências do nosso corpo estão muito longe de poder suportá-las.

Esta apreciação da força do nosso pensamento pode ser avaliada quando, por exemplo, em um terreiro, não estando devidamente atentos e protegidos contra tais emanações interiores (no momento de execução de magia coletiva), arriscamo-nos a absolvê-las, contaminando-nos, o que parecendo sem importância, pode, no entanto, trazer-nos os prejuízos e perturbações um dia, até muitos anos depois, como consequência da nossa atitude displicente ou desatenta.

Ninguém pode dar aquilo que não tem

A expressão da Vida ou da Umbanda como entendemos, tem também sua reação. Em cada ação vivida, ela opera a sua própria reação, que é o plano materializado em que nos encontramos.

Assim passamos da forma de essência de vida, para a forma material, que, não deixando também de ser essência, se torna apenas condensada, harmonizando materialmente uma determinada porção de energia que, em função aplicada, tem uma grande finalidade.

A reação da vida é apenas a nossa expressão como vivemos na matéria. Cada um de nós certamente tem, pelo fato da sua própria composição, aquilo que deu origem à nossa formação. Sabemos que a vida é essência suprema, e que, como essência, naturalmente é composta de elementos substanciais que são os Sete Princípios que rege inteiramente o nosso eu, e passamos a sentir, por esse motivo, a atração perfeita da nossa natureza intrínseca. Esses Sete Princípios que formam a ação da vida, são conhecidos como as Sete Linhas regidas pela nossa Lei de Umbanda.

Cada um de nós, portanto, deve estar ligado obrigatoriamente a um destes Sete Princípios. Assim, somos: Filhos de Xangô, Oxóssi etc., são expressões que determinavam a classificação de cada elemento de acordo com a sua própria expressão.

Os mestres, que conheciam perfeitamente a ação dos Sete Princípios, podiam psicologicamente verificar a que natureza pertencia cada elemento; bastava coloca-los de per si nos testes de vibração, verificando a reação correspondente, e determinando após: o grau, a afinidade e a natureza da viração obtida.

Cada um de nós é força, mas nenhum de nós pode modifica-la por que ela está em função do nosso próprio ser com o qual se completa. Assim, cada um de nós, umbandistas, tem o dever de descobrir os meios de harmonizar as nossas três forças já mencionadas: material, mental e espiritual para que fiquem devidamente equilibradas, tornando-se úteis a nós mesmos e capazes de nos fornecerem um ectoplasma saudável e que possa beneficiar também àqueles que precisarem.

A natureza material

A Umbanda está inteiramente ligada à Vida. Existem três fontes propulsoras de energia que fornecem toda a parte ativa para o encantamento maravilhoso da Vida material.

A primeira é a Natureza Material. É representada pela presença do objeto, de forma material e grosseira, que, existindo, torna-se por este ato imprescindível à grande harmonia orgânica da Vida.

Parece a qualquer um, pouco observador, que a parte material da Vida tem pouca significação ou mesmo nenhum valor. No entanto, verificamos, depois de algum tempo, que está praticamente nesta primeira parte da forma de natureza material de energia, o grande segredo da Vida suprema. Está perfeitamente ao nosso alcance, desde que cada um de nós consiga se afastar do grande labirinto da natureza mental.

Sem tranquilidade não se pode alcançar os poderes reais que são emanados desta fonte natural de energia condensada. O nosso corpo tem Vida própria, completamente independente. Ele é o produto lógico da suprema expressão da Vida, apenas na modalidade de força condensada.

É de aplicação tão útil que agirá, nesta forma acidental de energia condensada, dando toda a expansão de seus poderes no grande manancial que a Vida encerra.

Sabemos que o nosso corpo não quer nada, não pede nada, e nada exige; uma situação de indiferença completa vive inteiramente toda vitalidade orgânica da Vida, sem necessidade, portanto, da interferência mental nem da pretensa autoridade do nosso espírito, ainda adormecido.

Figura 44: O barquinho com oferendas para Yemanjá entra no mar. Revista *O Cruzeiro*, n. 16, 25 de janeiro de 1964. Foto: Indalécio Wanderley. Autorização D. A. Press S/A

Figura 45: Ogum – Pintura do Capitão José Alvares Pessoa. Revista *O Cruzeiro*, n. 22, 17 de março de 1956. Autorização D. A. Press S/A.

Figura 46: Exu – Pintura do Capitão José Alvares Pessoa. Revista *O Cruzeiro*, n. 22, 17 de março de 1956. Autorização D. A. Press S/A.

Figura 47: Omolu – Pintura do Capitão José Alvares Pessoa. Revista *O Cruzeiro*, n. 22, 17 de março de 1956. Autorização D. A. Press S/A.

Figura 48: Xangô – Pintura do Capitão José Alvares Pessoa. Revista *O Cruzeiro*, n. 22, 17 de março de 1956. Autorização D. A. Press S/A.

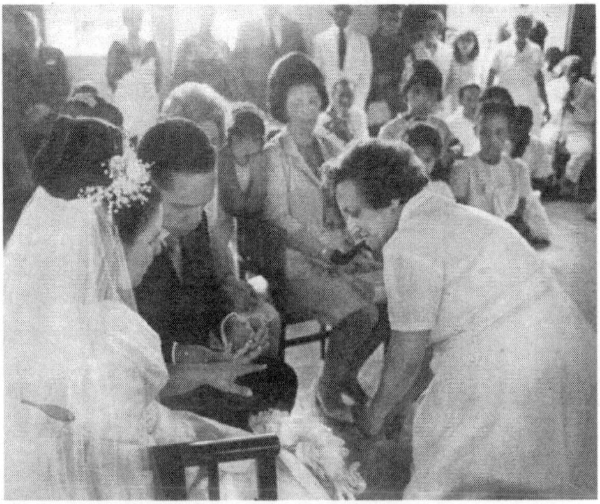

Figura 49: Casamento na Tenda Espírita Mirim. Revista *O Cruzeiro*, n. 32, 3 de maio de 1967. Foto de Henri Balott. Autorização D. A. Press S/A.

Figura 50: Entrega na encruzilhada. Revista *O Cruzeiro*, n. 32, 3 de maio de 1967. Foto de Henri Balott. Autorização D. A. Press S/A.

Figura 51: Oferendas para Yemanjá em praia do Rio de Janeiro. Revista *O Cruzeiro*, n. 16, 25 de janeiro de 1964. Foto: Indalécio Wanderley. Autorização D. A. Press S/A.

Figura 52: O barquinho com oferendas para Yemanjá. Revista *O Cruzeiro*, n. 16, 25 de janeiro de 1964. Foto: Indalécio Wanderley. Autorização D. A. Press S/A.

Figura 53: Cortejo para Yemanjá em praia do Rio de Janeiro. Revista *O Cruzeiro*, n. 15, 7 de janeiro de 1967. Autorização D. A. Press S/A.

Figura 54: Preta Velha em consulta. Revista *O Cruzeiro*, n. 32, 3 de maio de 1967. Foto de Henri Balott. Autorização D. A. Press S/A.

Figura 55: Jovem médium incorporado. Revista *O Cruzeiro*, n. 32, 6 de maio de 1967. Foto: Geraldo Viola. Autorização D. A. Press S/A.

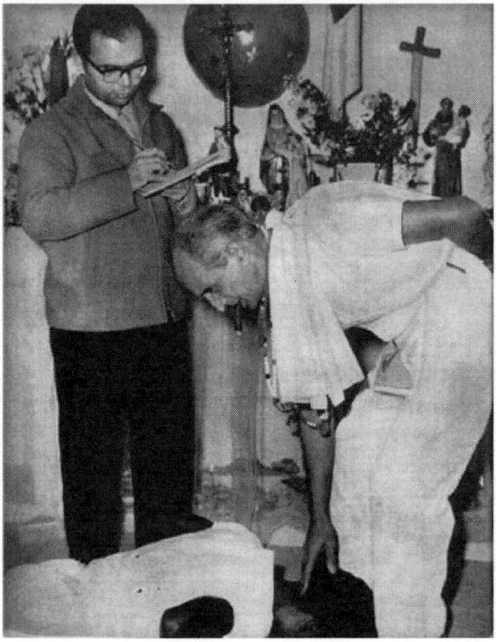

Figura 56: Caboclo Cobra Coral cruzando filho de fé. *O Cruzeiro*, n. 25, 23 de junho de 1971. Foto de Isaias Monteiro. Autorização D. A. Press S/A.

Figura 57: Padre Vandeli conversando com médium incorporado com o Caboclo Cobra Coral, em Terreiro de São Gonçalo. Revista *O Cruzeiro*, n. 25, 23 de junho de 1971. Foto de Masaomi Mochizuki. Autorização D. A. Press S/A.

Figura 58: Seu Sete da Lira. Revista *O Cruzeiro*, n. 26, 30 de junho de 1971. Foto: Vieira de Queiróz. Autorização D. A. Press S/A.

Figura 59: Abraço de duas médiuns em terreiro de Umbanda Mista – Belo Horizonte. Revista *O Cruzeiro*, n. 46, 15 de novembro de 1972.

Figura 60: Médiuns durante ritual em terreiro de Umbanda Mista – Belo Horizonte. Revista *O Cruzeiro*, n. 46, 15 de novembro de 1972. Autorização D. A. Press S/A.

Figura 61: Distribuição de doces no dia de São Cosme e São Damião – Rio de Janeiro. Revista *O Cruzeiro*, n. 40, 3 de outubro de 1973. Foto: Geraldo Viola. Autorização D. A. Press S/A.

Figura 62: Tata Tancredo da Silva Pinto em ritual de Omolokô – Rio de Janeiro. Revista *O Cruzeiro*, n. 1, 2 de janeiro de 1974. Autorização D. A. Press S/A.

Figura 63: Médium incorporada com Caboclo de Ogum – Santos. Revista *O Cruzeiro*, n. 19, 08 de maio de 1974. Autorização D. A. Press S/A.

Figura 64: Médium incorporada com Preto Velho – Rio de Janeiro. Revista *O Cruzeiro*, n. 01, 01 de janeiro de 1975. Autorização D. A. Press S/A.

Figura 65: Médium, com os paramentos de Yemanjá, entrando no mar na Praia do Leme – Rio de Janeiro. Revista *O Cruzeiro*, n. 1, 1 de janeiro de 1975. Autorização D. A. Press S/A.

Figura 66: Cerimônia para Yemanjá na Praia Grande – São Paulo. Revista *O Cruzeiro*, n. 10, 15 de novembro de 1980. Foto: Arnaldo Laganaro. Autorização D. A. Press S/A.

Figura 67: Alfredo Costa Moura, Presidente da Federação de Umbanda do Estado de São Paulo na Praia Grande – São Paulo. Revista *O Cruzeiro*, n. 10, 15 de novembro de 1980. Foto: Arnaldo Laganaro. Autorização D. A. Press S/A.

Figura 68: Macumba. Revista *O Cruzeiro*, n. 34, 15 de julho de 1933. Desenho do artista Carloz Cavalcanti. Autorização D. A. Press S/A.

Figura 69: Coro feminino cantando pontos de macumba no programa *Noite de Macumba*, dirigido por Pai Alufá. Revista *O Cruzeiro*, n. 20, 21 de março de 1936. Autorização D. A. Press S/A.

Figura 70: Pai Alufá puxando um ponto no programa *Noite de Macumba.* Revista *O Cruzeiro*, n. 20, 21 de março de 1936. Autorização D. A. Press S/A.

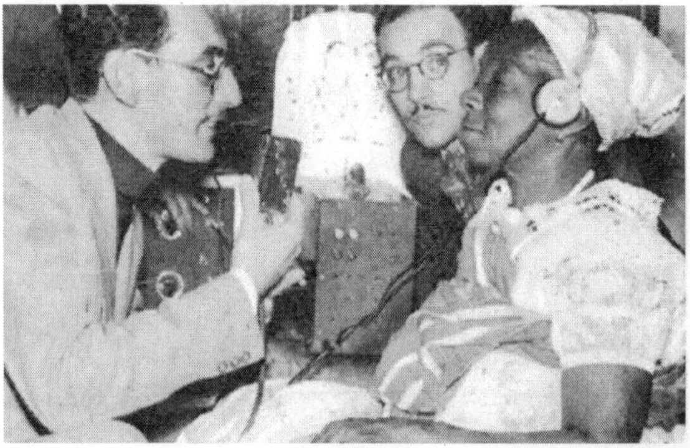

Figura 71: Mãe Adédé falando ao microfone do radialista Ary Barroso (compositor da Aquarela do Brasil). Revista *O Cruzeiro*, n. 36, 8 de julho de 1939. Autorização D. A. Press S/A.

Figura 72. Pai Osmundo Mendes em frente ao seu congá. *Diário do Pará*, n. 662, 1° de janeiro de 1985.

Figura 73: Pai Osmundo Mendes. *Diário do Pará*, n. 662, 01 de janeiro de 1985.

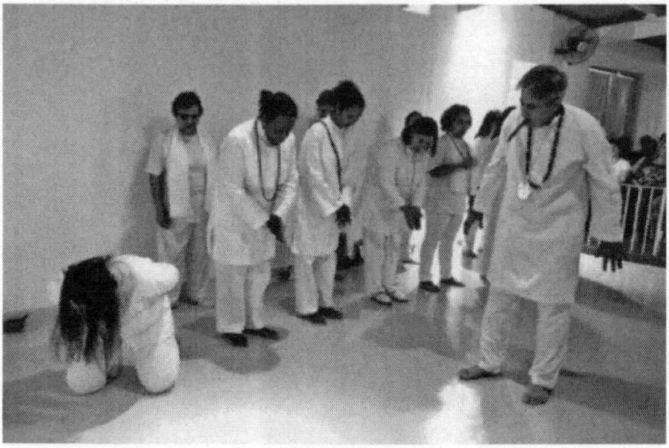

Figura 74: Gira de Exu na Cabana de Pai Benguela (24 de junho de 2014). Acervo de Tatiana Giustino.

Figura 75: Babáláwò Ifatoki Adekunle Aderonmu Ògúnjimi. Babá de Diamantino F. Trindade (*Awo Ifasoya Ifadaisi Agbole Obemo*). Acervo do Centro Cultural Africano.

Figura 76: Charge retratando um coletor de lixo varrendo uma oferenda na encruzilhada. Revista *O Globo*, 11 de setembro de 2011.

Figura 77: Charge retratando uma umbandista em tempo de tecnologia. Revista *O Globo*, 11 de setembro de 2011.

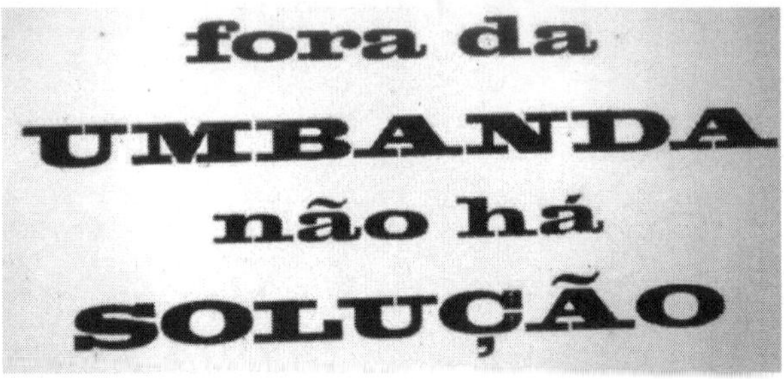

fora da
UMBANDA
não há
SOLUÇÃO

Figura 78: Chamada de uma matéria. *Gil Brandão*, 28 de setembro de 1969.

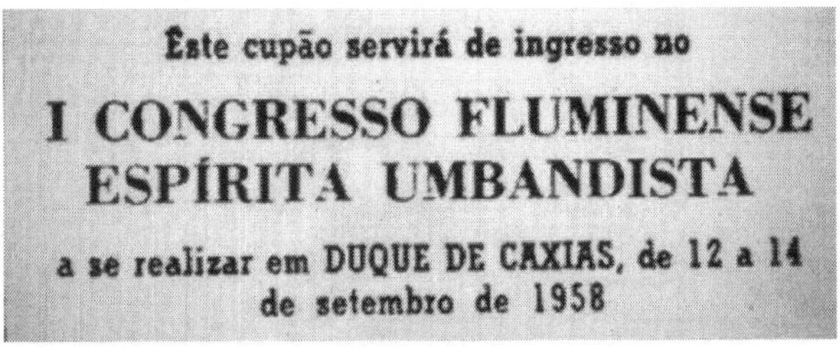

Êste cupão servirá de ingresso no
I CONGRESSO FLUMINENSE ESPÍRITA UMBANDISTA
a se realizar em DUQUE DE CAXIAS, de 12 a 14 de setembro de 1958

Figura 79: Material de divulgação sobre o I Congresso Fluminense Espírita Umbandista. *O Dia*, 30 de agosto de 1958.

Figura 80: Pombagira Baracyê. Desenho de Rosa Teubl. Acervo do autor.

Figura 81: Exu Sete Catacumbas. Desenho de Rosa Teubl. Acervo do autor.

ASSEMBLEIA LEGISLATIVA

ATO SOLENE EM HOMENAGEM AO Dia de Ogum

Menção Honrosa

Dirigente Espiritual Diamantino Fernandes Trindade

Agradecemos imensamente por todos esses anos dedicados ao crescimento e à consolidação da Umbanda Paulista.

Gratidão por fazer parte da nossa história.

São Paulo, 27 de Abril de 2016

Figura 82: Menção honrosa concedida a Diamantino Fernandes Trindade.

Figura 83: Baianas em ato religioso. https://lilamenez.wordpress.com.

Figura 84: Imagem de Preto Velho. https://br.pinterest.com.

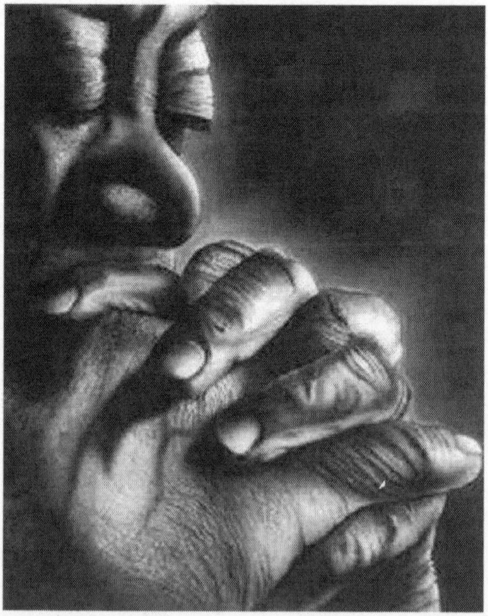

Figura 85: Preta Velha em oração. http://historiaumbanda.blogspot.com.br.

Figura 86: Atendimento de consulentes em trabalho na Praia Grande. *O Cruzeiro*, n. 15, 7 de janeiro de 1967. Autorização de D. A. Press S/A.

Figura 87: Dona Sandra, médium da Pombagira Cigana preparando "roda de fogo". *O Cruzeiro*, n. 30, 28 de julho de 1971. Foto de Hélio Passos. Autorização D. A. Press S/A.

Figura 88: Joãozinho da Goméia. Revista *O Cruzeiro*, n. 13, 31 de março de 1971. Foto: Izaias Monteiro. Autorização D. A. Press S/A.

Figura 89: Desenho retratando uma curimba de macumba. Revista *O Cruzeiro*, n. 20, 21 de março de 1936. Autorização D. A. Press S/A.

Figura 90: Caboclo cruzando médium em trabalho na praia. Revista *O Cruzeiro*, n. 16, 25 de janeiro de 1964. Foto de Hélio Passos. Autorização D. A. Press S/A.

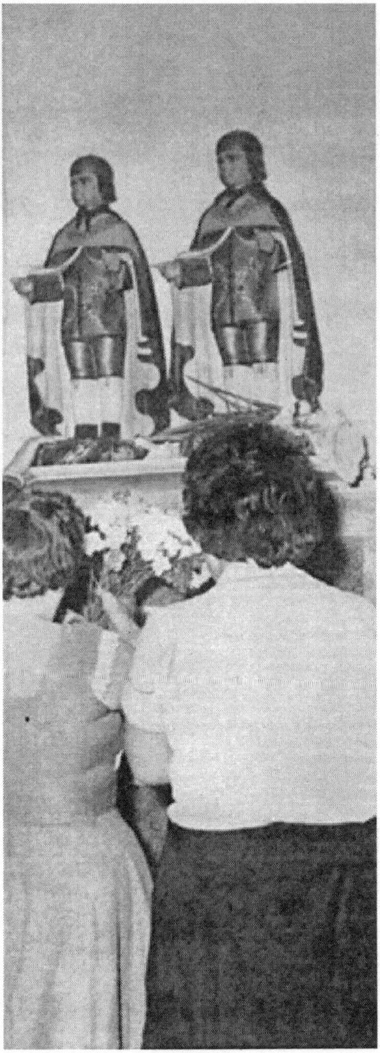

Figura 91: Fiéis reverenciando Cosme e Damião. Revista *O Cruzeiro*, n. 40, 3 de outubro de 1973. Foto: Geraldo Viola. Autorização D. A. Press S/A.

Figura 92: Seu Sete da Lira no Programa Flávio Cavalcanti. Revista *O Cruzeiro*, n. 16, 8 de setembro de 1971. Foto: Hélio Passos. Autorização D. A. Press S/A.

Figura 93: Seu Sete da Lira. Revista *O Cruzeiro*, n. 16, 08 de setembro de 1971. Foto: Hélio Passos. Autorização D. A. Press S/A.

Figura 94: Gira na sede da União Espiritista de Umbanda do Brasil (2013). https://www.facebook.com/HistoriaDaUmbanda.

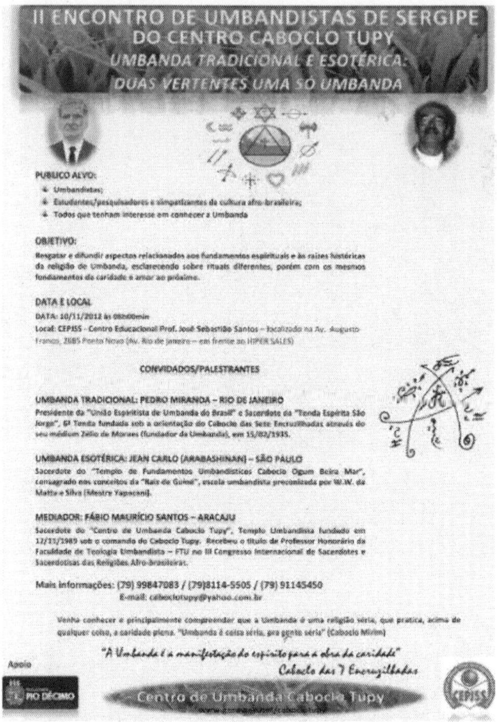

Figura 95: II Encontro de Umbandistas de Sergipe do Caboclo Tupy (10 de novembro de 2012).

Figura 96: Camiseta comemorativa dos 100 da Umbanda Associação Espiritualista dos Terreiros de Umbanda de Guarapari.

Figura 97: Capa de um exemplar da Revista *Seleções de Umbanda.* Editada por Pai Omolubá e Israel Cysneiros, circulando de 1975 a 1977.

Figura 98: Capa do emblemático livro ***As Religiões do Rio***, de João do Rio (Paulo Barreto). Nesta obra o autor faz um estudo sério e inequívoco das religiões e seitas existentes no Rio de Janeiro, àquela época, capital federal e centro sócio-político-cultural do Brasil.

Figura 99: Caboclo Mirim. Fonte: http://fraternidadeumbandistaluzdearuanda.blogspot.com.br.

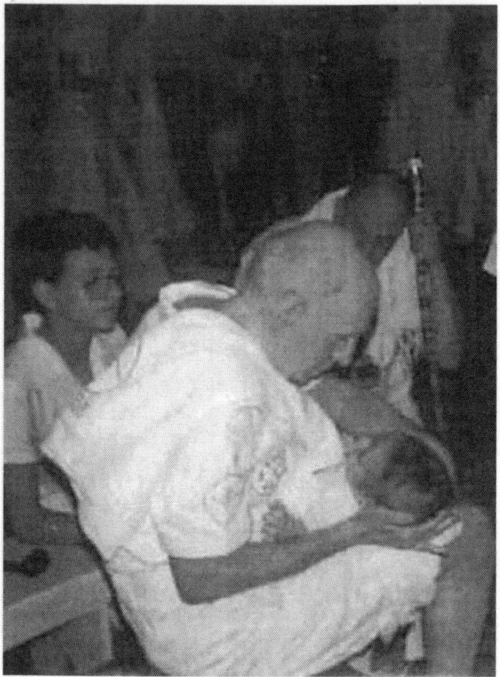

Figura 100: Pai Roberto, incorporado em Benjamim Figueiredo, batizando uma criança. http://fraternidadeumbandistaluzdearuanda.blogspot.com.br.

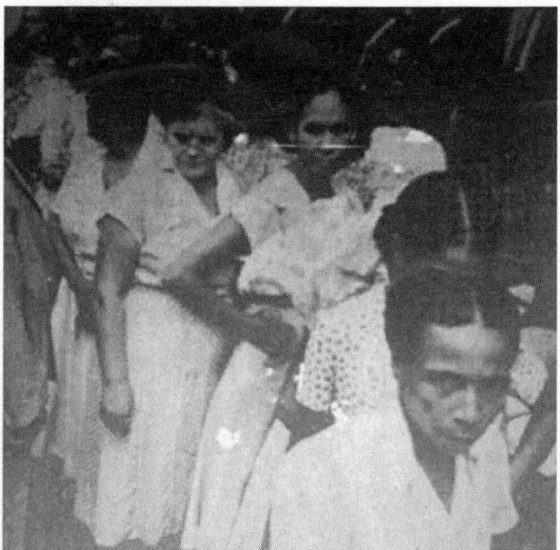

Figura 101: Médiuns se preparando para trabalho ao Orixá Ogum. *A Cigarra*, n. 230, maio de 1953. Foto de Jorge Lyra. Autorização de DA Press.

Figura 102: Médiuns durante trabalho ao Orixá Ogum. *A Cigarra*, n. 230, maio de 1953. Foto de Jorge Lyra. Autorização de DA Press.

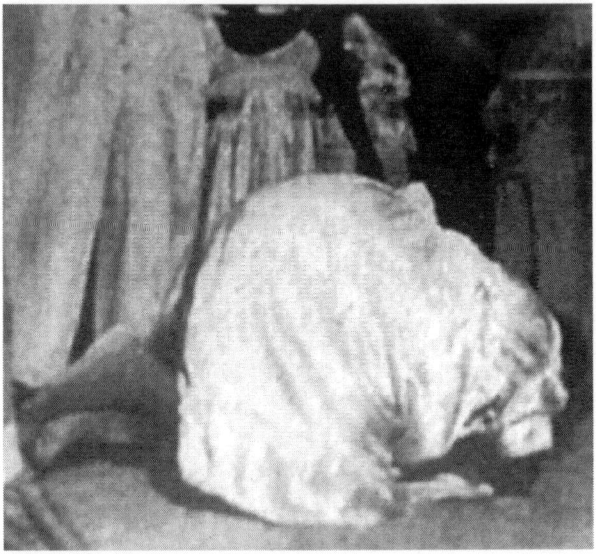

Figura 103: Médium batendo cabeça durante trabalho ao Orixá Ogum. *A Cigarra*, n. 230, maio de 1953. Foto de Jorge Lyra. Autorização de DA Press.

Figura 104: Médium incorporado com Caboclo de Ogum. *A Cigarra*, n. 230, maio de 1953. Foto de Jorge Lyra. Autorização de DA Press.

Figura 105: Oferenda para Iemanjá na Praia de Ramos. *A Cigarra*, n. 5, maio de 1956. Foto de Mário de Morais. Autorização de DA Press.

Figura 106: Protagonista de Iemanjá em cena da Festa de Ogum. *A Cigarra*, n. 6, junho de 1965. Foto de Alexandre Baratta. Autorização de DA Press.

Figura 107: Assistentes de uma macumba em Caxias. *A Cigarra*, n. 216, março de 1952. Autorização de DA Press.

Figura 108: Comida de santo em uma macumba em Caxias. *A Cigarra*, n. 216, março de 1952. Autorização de DA Press.

Figura 109: Anedota sobre macumba. *A Cigarra*, n. 4, abril de 1954. Autorização de DA Press.

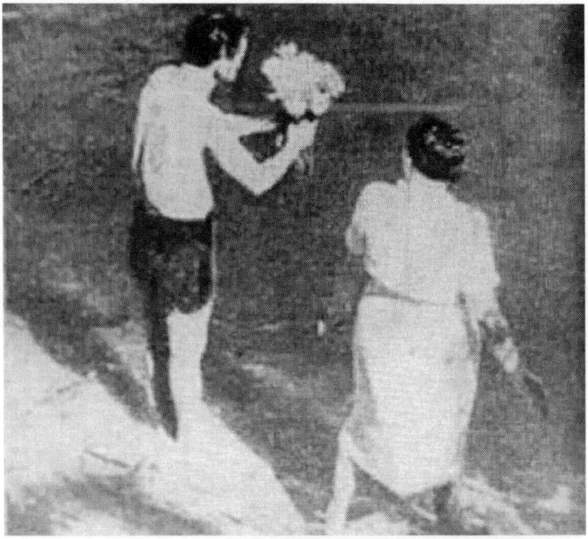

Figura 110: Flores para Iemanjá na Lagoa do Abaeté. Foto de Pierre Verger. *O Cruzeiro*, n. 4, 12 de novembro de 1949.

Figura 111: Preta Velha com flores para Iemanjá. Foto de Pierre Verger. *O Cruzeiro*, n. 14, 21 de janeiro de 1950.

Figura 112: Ogum. Foto de Pierre Verger. *O Cruzeiro*, n. 12, 6 de janeiro de 1951.

Figura 113: Trabalho para Iemanjá. Foto de J. Wanderley. *O Cruzeiro*, n. 14, 20 de janeiro de 1951.

Figura 114: Iemanjá. Pintura de Genaro. *O Cruzeiro*, n. 33, 11 de agosto de 1970.

Figura 115: Candomblé do Rafael. Foto de Pierre Verger. *O Cruzeiro*, n. 12, 6 de janeiro de 1951.

Figura 116: Iemanjá. Pintura de Genaro. *O Cruzeiro*, n. 33, 11 de agosto de 1970.

Galeria de imagens do *Jornal de Umbanda*

Figura 117: Visita do Vereador Álvaro Dias ao Centro Espírita Caminheiros da Verdade. *Jornal de Umbanda*, abril de 1953.

Figura 118: Parte da assistência presente na solenidade do 14° aniversário da União Espiritista de Umbanda. À direita podemos ver João Severino Ramos, dirigente da Tenda Espírita São Jorge. *Jornal de Umbanda*, outubro de 1953.

Figura 119: Jayme Madruga empunhando a colher de pedreiro no lançamento da pedra fundamental da sede própria da União Espiritista de Umbanda. *Jornal de Umbanda*, março de 1954.

Figura 120: Reunião das Tendas de Umbanda de São Paulo. Na foto podemos ver três representantes da UEUESP (União Espiritista de Umbanda de São Paulo). À esquerda Luís Carlos de Moura Acioli. Ao seu lado José Carlos Vareda. Na extremidade direita Francisco Sinésio Filho *Jornal de Umbanda*, julho de 1954.

Figura 121: André Luiz, em um desenho mediúnico de Dinorah Simas Enéas. *Jornal de Umbanda*, maio de 1955.

Figura 122: Ato solene do 14º aniversário da União Espiritista de Umbanda Ao centro, de gravata listrada, podemos ver o Presidente Jayme Madruga. *Jornal de Umbanda*, outubro de 1953.

Figura 123: Propaganda da Pemba da Costa. *Jornal de Umbanda*, agosto de 1958.

Figura 124: Propaganda do defumador Sereia. *Jornal de Umbanda*, fevereiro de 1955.

Figura 125: Parte da assistência que lotou o Centro Espírita Caminheiros da Verdade nas comemorações do 18° aniversário da União Espiritista de Umbanda do Brasil. *Jornal de Umbanda*, setembro de 1957.

Figura 126: Comemoração do treze de maio. *Jornal de Umbanda*, maio de 1958.

Figura 127: Quadro de Yemanjá que percorreu diversas tendas do Rio de Janeiro. *Jornal de Umbanda*, maio de 1958.

Figura 128: Representação de Caboclo de Oxóssi. *Jornal de Umbanda*, janeiro de 1959.

Figura 129: Confraternização da União Espiritista de Umbanda organizada pela Tenda Espírita Cetuá Na foto o discurso do professor e escritor Lourenço Braga. *Jornal de Umbanda*, outubro de 1954.

Figura 130: Confraternização da União Espiritista de Umbanda organizada pela Tenda Espírita Cetuá. Na foto o discurso do professor e escritor João de Freitas. *Jornal de Umbanda*, outubro de 1954.

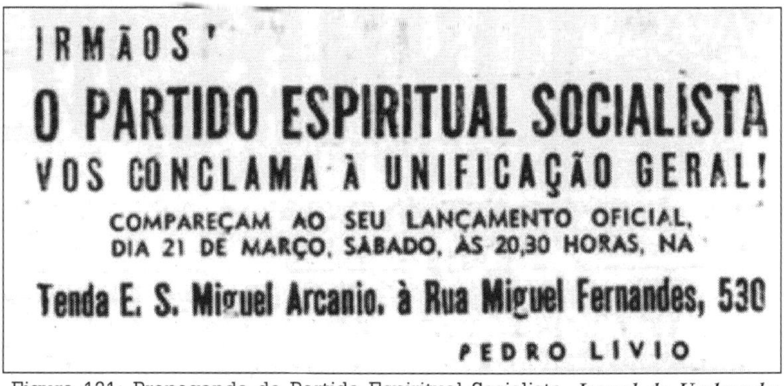

Figura 131: Propaganda do Partido Espiritual Socialista. *Jornal de Umbanda*, fevereiro-março de 1959.

MENSAGEM DO CABOCLO DAS SETE ENCRUZILHADAS

MENSAGEM DO CABOCLO DAS 7 ENCRUZILHADAS

(RESUMO)em sua última incorporação em seu medium, Zélio Fernandino de Moraes, em novembro de 1971

A Umbanda tem progredido e há de progredir muito. É preciso haver sinceridade na Umbanda, haver honestidade, porque eu prevenia aos companheiros de muitos anos: a vil moeda vai prejudicar os médiuns que mais tarde serão expulsos como Jesus expulsou o vendilhões do templo. É preciso ter cuidado: o perigo do médium homem é a consulente mulher; da médium mulher é o consulente homem. Os próprios obsessores que procuram atacar as nossas casas fazem que toque alguma cousa ao coração, da mulher que fala ao pai de terreiro e ao coração do homem que fala à mãe de terreiro. É preciso ter cuidado, haver moral, para que a Umbanda possa progredir.

Meus irmãos: sejam humildes, tenham amor no coração, amor de irmão para irmão para que as vossas medianidades se tornem mais puras, para que os espiritos superiores que venham a baixar encontrem seus aparelhos limpos, bem afinadas com as virtudes que Jesus pregou na Terra, para que tenhamos boas comunicações e proteção para aqueles que vêm em busca de socorro nas casa de Umbanda.

Tenho um pedido a fazer.

Se Jesus nasceu numa humilde manjedoura, não foi por acaso. O Pai assim o determinou para o espirito que viria traçar à humanidade os rumos de uma nova vida de paz, saúde e felicidade.

Que a humildade com que Jesus baixou à Terra, a luz da estrela que iluminou aquele estábulo, sirvam de exemplo, iluminando vossos espiritos, tirando os escuros da maldade por pensamento, por prática e ações.

Que Deus perdoe tudo o que tiverdes feito, as maldades que possam ter sido pensadas, para que a paz possa reinar em vossos corações e em vossos lares.

Fechai os olhos para a casa do vizinho, fechai a boca para não murmurar contra quem quer que seja, não julgueis para não serdes julgados e a paz entrará em vosso lar.

Neste momento, meus irmãos, me rodeiam espiritos que trabalham na Umbanda. Caboclos de Oxossi, de Ogum, de Xangô. Este que vos fala é da falange de Oxossi e trouxe uma ordem, uma missão. Eu, como o menor espirito que baixou à Terra, mas amigo de todos, numa concentração perfeita dos companheiros que me rodeiam neste momento, peço que eles sintam as necessidades de cada um de vós e que, ao sairdes deste templo de Caridade, encontreis o caminhos abertos, vossos enfermos melhorados e a saúde para sempre em vossas matérias.

Com paz, saúde e felicidade, com humildade, amor e caridade, sou e serei sempre o humilde CABOCLO DAS 7 ENCRUZILHADAS.

Figura 132: Famosa mensagem do Caboclo das Sete Encruzilhadas, gravada por Lilia Ribeiro, e publicada no Boletim *Macaia*, da TULEF.

SOBRE O AUTOR

Professor do curso de pós-graduação em História e Cultura Afro-Brasileira do Centro Universitário Salesiano (UNISAL).

Professor (aposentado) do Instituto Federal de Educação Tecnológica de São Paulo (IFSP) onde lecionou as disciplinas: Química, Fundamentos da Educação, Psicologia da Educação, História da Ciência e Epistemologia do Ensino.

Lecionou como professor emérito na Universidade Cidade de São Paulo e professor adjunto nas Faculdades Oswaldo Cruz, Universidade de Santo Amaro e Universidade de Guarulhos.

Pesquisador CNPq.

Pesquisador do Grupo de Estudos e Pesquisa em Interdisciplinaridade (GEPI) da PUC-SP.

Mestre em Educação pela Universidade Cidade de São Paulo.

Master Science in Education Science by City University Los Angeles.

Doutor em Educação pela PUC-SP.

Pós-Doutor em Educação pelo GEPI-PUCSP.

Autor de livros sobre Educação e Ciências: *A História da História da Ciência*, *Temas Especiais de Educação e Ciências*, *O Ponto de Mutação no Ensino das Ciências*, *Os Caminhos da Educação e da Ciência no Brasil*, *Leituras Especiais sobre Ciências e Educação*, *O olhar de Hórus: uma perspectiva interdisciplinar do ensino da História da Ciência*, *Química Básica Teórica*, *Química Básica Experimental*, *Médicos e Heróis: os caminhos da Medicina brasileira desde a chegada da Família Real até as primeiras décadas da República* e *Personagens da Ciência Brasileira*.

Autor de livros sobre Umbanda: *Umbanda e sua história*, *Umbanda Brasileira: um século de história*, *Umbanda: um ensaio de ecletismo*, *Iniciação à Umbanda*, *Os Orixás na Umbanda e no Candomblé*, *Manual do Médium de Umbanda*, *A construção histórica da literatura umbandista*, *Antônio Eliezer Leal de Souza: o primeiro escritor da Umbanda*, *Memórias da Umbanda do Brasil, Você sabe o que é Macumba? Você sabe o que é Exu?, História da Umbanda no Brasil, História da Umbanda no Brasil - Volume 2:A Umbanda nos Jornais do Rio de Janeiro, Volume 3: Memórias de uma religião, História da Umbanda no Brasil - Volume 4: Documentos históricos* e *Retratos e Registros Históricos da Umbanda.*

Past Master da Loja Maçônica Cavaleiros de São Jorge (Grande Oriente do Brasil).

Membro da Escola Superior de Guerra.

Médium do Templo de Umbanda Ogum Beira-Mar, dirigido por Edison Cardoso de Oliveira, entre 1981 e 1989.

Vice Presidente da Federação Umbandista do Grande ABC entre 1985 e 1989 e Membro do Conselho Consultivo do Superior Órgão de Umbanda do Estado de São Paulo no mesmo período.

Relator do Fórum de Debates: *A Umbanda e a Constituinte*, realizado na Assembleia Legislativa de São Paulo, em 1988.

Colunista do Jornal *Notícias Populares*, em 1989, escrevendo aos domingos sobre a história e os ritos da Umbanda.

Pesquisou a Umbanda e os cultos afro-brasileiros em diversos terreiros, visitando várias vezes a Tenda Nossa Senhora da Piedade e a Cabana de Pai Antônio onde conviveu com Zélia de Moraes e Zilméia de Moraes.

Dirigiu o Templo da Confraria da Estrela Dourada do Caboclo Sete Lanças entre 1993 e 1999.

Colunista do *Jornal de Umbanda Sagrada* entre 2008/2009.

Colunista do Jornal *Aldeia de Caboclos* desde 2013.

Atualmente é sacerdote do Templo de Umbanda da Estrela Lilás (T.U.E.L.) - Cabana de Pai Benguela.

Sacerdote de Orunmilá-Ifá iniciado pelo Babáláwò Ifatoki Adekunle Aderonmu Ògúnjimi (Babalawo *Ifasoya Ifadaisi Agbole Obemo*).

Iniciado na Raiz de Guiné (*Hanamatan Ramayane*).

Iniciado e consagrado na Kimbanda das Almas (*Tata Egungun Inu Afefé*).

HISTÓRIA DA UMBANDA NO BRASIL - VOL. 6
foi confeccionado em impressão digital, em março de 2022
Conhecimento Editorial Ltda
(19) 3451-5440 — conhecimento@edconhecimento.com.br
Impresso em Super Snowbright_b 70g - Hellfoss